법은 누군가가
만든 것이다

일러두기

1. 본 책은 국립국어원의 한글 맞춤법과 외래어 표기법을 따랐습니다.

2. 본 책의 법조문은 국가법령정보센터에 기재된 서술에 따랐습니다.

3. 본 책에 나오는 법 관련 인용문들은 백과사전 등이 출처이되, 본문 흐름에 맞게 일부 수정을 가했습니다.

법은 누군가가
만든 것이다

문명식 글   심장 그림

생각과느낌

1. 경찰 울렁증

애앵애앵? 삐뽀삐뽀? 아니 이오이오인가?

뭔들 어떠리. 중요한 건 어디선가 그놈의 소리가 또 들렸다는 것이다. 경찰 사이렌 소리 말이다. 순간, 내 가슴은 덜컥 내려앉았다.

"젠장, 이러다 내 명에 못 살지……."

물론 안다. 고소장이란 게 경찰차에 실려 올 리는 없다. 하지만 그런 이성적인 판단과 상관없이 경찰이 떠오르기만 하면 온몸이 굳고 가슴이 뛰었다. 심장이 쫄깃쫄깃해지는 느낌이랄까.

그러니, 경찰서는 물론이고 심지어 집 근처 경찰 지구대 앞조차 지나갈 수 없었다. 안에 있던 경찰이 뛰쳐나와 당장 수갑이라도 채울 것 같았기 때문이다. 하물며 경찰이나 경찰차를 직접 마주치는 건 오죽하겠는가. 옛날 군사 독재 시절에 쥐도 새도 모르게 끌려가 고문을 받았다던 민주 투사들의 심정이 그랬으려나.

민중의 지팡이? 윽, 내 앞에서 그따위 소리 지껄이는 인간 있으면 뺨이라도 한 대 때려 줄 테다. 적어도 지금 내게 그건 천하의 개소리다. 그 지팡이가 민중을 두들겨 패는 데 쓰는 거라면 모를까.

무슨 헛소리냐고? 글쎄, 고소 한번 당해 봐라. 그래도 경찰이 민중의 지팡이로 보인다면 당신은 석가모니요, 예수요, 간디다. 장담컨대 성인 반열에 오른 사람 혹은 경찰 가족이 아니라면, 아마 경찰 마스코트 포돌이만 봐도 몸을 부르르 떨게 될걸?

더구나 나는 겨우 중학생이란 말이다. 게다가 소심하고 연약하기 짝이 없는……. 가만, 연약한 건 아닌가? 아무튼, 세상에 태어난 지 이제 십 몇 년밖에 안 된 풋내기 소녀가 경찰을 마주할 일이 있기나 했겠는가. 그나마 어른들도 받기가 쉽지 않은 고소장을 받게 되었으니 경찰 울렁증은 어쩌면 너무나 당연한 거다.

"휴!"

현관에서 우편함을 보자 한숨과 탄식이 절로 나왔다. 그건 어느새 버릇이 돼 버렸다. 집을 드나들 때마다 치르는 의식 같다고나 할까.

다행히 우편함에는 고소장 같은 건 없었다. 대출 광고 전단지가 두어 장 나뒹굴고 있을 뿐. 나는 그 종잇조각을 꺼내어 바닥에 내팽개치고 엘리베이터 버튼을 눌렀다. 하필이면 20층 꼭대기에 있던 엘리베이터가 한 층 한 층 내려오기 시작했다.

"이런 제기랄!"

또 신경질. 부쩍 짜증이 늘고 말이 거칠어졌다. 온라인에서는 몰라도 '오프'에서는 고운 말만 골라 쓰는 내가 이렇게 달라졌다. 단 일주일 만에.

엘리베이터는 15층을 막 지나고 있었다. 초 단위로 바뀌는 층 수 표시를 멍하니 보던 중 갑자기 이런 생각이 들었다.

'가만, 그런데 고소장이 우편으로 오는 게 맞아?'

그 인간은 내가 며칠 안으로 '고소미'를 먹게 될 거라고 했다. 그러면서 얼마나 고소해했는지. 어쩌면 고소하는 사람이 고소미를 먹을 때처럼 고소하다고 해서 고소라는 이름이 붙었는지도 모르겠다. 큭.

잠시 속으로 킥킥대고 있는데 엘리베이터가 도착했다. 스르륵 하고 엘리베이터 문이 열리는 순간 다시 정신이 돌아왔다.

'참 속도 좋다, 좋아.'

우리 집은 13층이다. '13일의 금요일' 따위를 들먹이며 13이라는 숫자를 불길하게 여기는 사람들이 꽤 있던데, 10년이 다 되도록 이 집에서 살면서 13층이라 문제가 되었던 적은 단 한 번도 없다고 장담한다. 수많은 금요일도 특별한 재난 없이 잘도 넘겼다. 그러니까 다 헛소리라는 얘기.

삐, 삐, 삐, 삑.

버튼식 자물쇠를 눌러 현관문을 여니 요란한 티브이 소리가 들린다. 축구 중계를 튼 게 분명하다. 몇 걸음 들어가니 역시 아빠가 엄청나게 심각한 표정으로 티브이를 보고 있었다.

"다녀왔습니다."

지금 상황에서 낼 수 있는 가장 커다란 목소리로 인사를 했건만, 아빠는 미동도 안 했다. 축구 경기에 푹 빠졌나 보다.

'하여간……'

속으로 혀를 끌끌 차며 나는 휙 내 방으로 향했다. 털썩 가방을 내려놓고 옷을 갈아입는데, 왠지 아빠 표정이 보통 때와는 다르다는 생각이 들었다.

'가만, 혹시 나 없는 사이에 고소장이 도착한 거 아냐?'

옷 단추를 미처 다 채우지도 못한 채 허겁지겁 거실로 나갔다.

"아빠."

하지만 아빠는 들은 척도 하지 않았다. 마치 축구 경기에 영혼을 빼앗긴 사람처럼 티브이 모니터만 노려보고 있을 뿐. 하 정말, 누가 축구광 아니랄까 봐.

"아빠!"

악을 쓰다시피 부르자 그제야 천천히 고개를 돌렸다. 그리고 역시 굳은 표정으로 묻는다.

"학원 갔다 왔니?"

"아빠는 사람이 와도 아는 체를 안 해?"

아빠는 다시 티브이를 향해 고개를 돌리고 무겁게 입을 열었다.

"내가 지금 그럴 기분이 아니다."

"뭐라고?"

세상에, 이게 힘들여 공부하고 온 딸한테 할 소리란 말인가. 인사 받아주는 게 얼마나 힘든 일이라고. 아무튼 무슨 일이 있긴 있는 모양이다.

"아빠, 무슨 일 있어?"

"있지."

헉. 그렇다면? 정말로 고소장이 온 것일까?

"혹시 고소, 아니, 저, 저기……."

아빠가 다시 한 번 나를 쳐다보았다.

"나한테 할 말 있니?"

"아니. 아빠 표정이 너무 심각해서. 정말 무슨 일 있는 거야?"

"그렇다고 볼 수 있지."

이거 미치겠네. 일이 있으면 있는 거지 그렇다고 볼 수 있는 건 또 뭐람. 어쨌든 뭔가 일이 생겼고 상황이 심상치 않은 것만은 분명했다.

"도대체 무슨 일이야, 아빠!"

아빠는 아무 말 없이 고개를 숙이더니 한숨을 푹 내쉬었다.

"너한테 말을 해야 하나 말아야 하나……."

아, 드디어 올 게 왔단 말인가. 가슴이 또 한 번 철렁 내려앉고 머리카락까지 쭈뼛쭈뼛 섰다.

"아빠……."

나는 거의 울상이 되었다. 목이 메어서 말도 제대로 안 나왔다.

"영심아, 너도 알지?"

"어?"

"모를 리가 없지."

나쁜 자식. 진짜로 고소장을 보내다니. 겨우 그깟 일로 이제 막 피어나는 새싹을 이렇게 짓밟는다는 말인가. 분하고 겁이 나서 나도 모르게 눈물이 나왔다.

ㄹ. 댓글 한 줄

님, 조선족이세요?

시작은 생각 없이 단 이 한 줄의 댓글이었다. 그리고 두 번째로 단 댓글로 내 짧은 인생에 '헬 게이트'가 열리기 시작했다.

불법 체류자 따위가 감히 한국인의 목숨을 하찮게 여기네.

지금 생각해 보면 경솔하기 짝이 없는 '개드립'임에 틀림없지만, 당시의 상황을 제대로 알면 그런 말까지 하게 된 내 심정을 어느 정도는 이해할 거다. 상식을 가진 한국인이라면 말이다.

디브이디 인사이드라는 인터넷 커뮤니티가 있다. 영화를 좋아하는 사람들이 모여 영화에 관한 정보를 교환하거나 수다를 떠는 곳이다. 나는 그곳을 거의 날마다 드나든다.

영화를 좋아하느냐고? 딱히 그렇지는 않다. 다만 극장에 가서 영화 보기를 즐기는 편이며, 재미있게 혹은 감명 깊게 본 영화들이 몇 편 있기는 하다. 그렇다 해도 내가 영화 얘기를 하거나 듣고 싶어서 그 사이트를 드나드는 건 아니다. 나는 그저 수다가 좋을 뿐. 그곳에서 접할 수 있는 수많은 정보와 유머와 온갖 사람들의 사는 이야기가 좋고, 회원들끼리 낄낄대고 아웅다웅하는 모습이 흥미로울 뿐이라고나 할까.

그래서 디브이디 인사이드의 여러 게시판 중 내가 주로 머무는 곳은 당연히 영화 게시판이 아니라 자유 게시판이다. 거기에서는 정말로 세상의 거의 모든 일들이 다루어진다. 그야말로 자유롭게.

다양한 주제의 글들이 올라온 건 그날도 마찬가지였다. 다만 유난히 빈번하게 다루어진 주제가 하나 있었는데, 바로 며칠 전에 잡힌 어느 연쇄 살인범의 인권 문제였다. 그 살인범이 다름 아닌 그날 현장 검증을 받았던 것이다.

글이 끊이지 않고 올라왔다. 그 대부분이 살인범을 욕하고 증오하는 내용이었음은 말할 나위가 없다. 쳐 죽일 인간, 씹어 먹어도 시원찮을 놈, 무조건 사형, 감옥 밥도 아깝다 등등 살벌한 저주가 줄줄이 이어졌다.

회원들이 특히 분노한 것은 살인범의 얼굴을 마스크와 모자로 가려 준 경찰의 조치였다.

도대체 얼굴을 왜 가린 거야?

흉악범 상판대기 좀 보게 마스크 벗겨라.

흉악범 인권만 중요하고 피해자 인권은 무시해도 되는 거냐?

국민의 알 권리를 보장해라!

회원들은 폭동이라도 일으킬 듯 길길이 뛰었는데, 사실 그건 당연한 거였다. 무고한, 그것도 연약한 여성들만 골라서 잔인하게 살해한 짐승 같은 놈에게 인권 따위가 다 뭐냐 말이다.

물론 나도 댓글로 적극 동참했다. 꽤 여러 개를 달았는데, 내용은 거의 비슷했다. 가령 이런 거.

내가 내는 세금이 저런 놈 인권 지켜주는 데 쓰인다고 생각하니 치가 떨리는군요.

엄밀히 따지자면 세금을 내는 사람은 내가 아니고 엄마, 아빠지만, 뭐, 그게 중요한가. 어쨌든 남이 아닌 우리 부모님이 내는 건데.

굳이 부모 운운하며 인터넷에서 나이 밝힐 필요도 없고 말이다.

너무나 당연한 일이지만, 게시판에 그 주제로 한마디라도 떠드는 인간이 백 명이면 그중 95명 정도는 나와 의견이 같았다. 소수가, 아주 소수가 약간 다른 의견을 냈을 뿐. 그나마 '다구리'가 무서워 최대한 조심스럽게 댓글을 다는 정도였다.

그럼에도 반대 의견이 없지는 않았다. 정확히 말하면 딱 하나가 있었는데, 그 주인공, 그러니까 감히 반대 의견을 말하는 한 사람이 바로 그 무모하고 몰상식한 작자, '스파이더맨'이었다.

그 인간이 올린 글의 요지는 이거였다.

'저 사람은 유력한 살인 용의자지만 아직 유죄가 확정된 건 아닙니다. 아직 재판을 받지 않았거든요. 오늘 현장 검증을 한 것도 살인 혐의를 확인하려는 과정이고요. 그러니 아무리 혐의가 분명해 보여도 시민으로서 인권을 보장해 줘야죠.'

아니 무슨 이런 개소리가 다 있나. 자기가 경찰에게 순순히 자백했고 증거도 넘쳐 보이는데 아직 살인범이 아니라니? 이따위 망언을 해 놓고 나쁜 소리 안 들을 거라고 생각한다면 그 인간은 아마 학교도 제대로 못 다닌 무식한 사람이거나, 완전히 미친 사람이거나, 혹은 저 연쇄 살인범만큼 흉악한 짐승이거나, 셋 모두일 것이다.

곧 분노와 비아냥의 댓글이 줄줄이 달렸다.

이게 말이여 당나귀여?

혹시 살인범 가족이세요?

여러분, 낚이지 마세요.

세상에는 별의별 인간이 다 있구나.

이 짐승에게 먹이를 주지 마시오.

이때다 하고 '어그로' 한번 끌자는 건가요?

피해자 가족 앞에서 한번 떠들어 보시죠?

너희 가족이 피해를 당했어도 똑같은 소리 할래?

모두가 '예' 할 때 혼자 '아니요' 하니 있어 보이지?

나도 도저히 참을 수가 없었다. 그래서 바로 그 문제의 댓글을 단 것이고.

사실 그 상황에서 내 댓글은 딱히 특별하지도 않았다. 적어도 내가 보기에는 말이다. 그런데 일이 꼬이려고 그랬는지 스파이더 맨인가 뭔가 하는 그 인간이 하필이면 내 댓글에만 반응을 한 것이다.

> 조선족 불법 체류자는 이런 말 하면 안 되나요?

어라? 나한테 하는 말인가? 회원 가입은 했지만 주로 '눈팅'만 하고 글을 쓰거나 댓글을 다는 일은 아주 드물었기 때문에 처음에는 어리벙벙했다. 하지만 그게 다름 아닌 나한테 따지는 댓글이라는 건 어렵지 않게 알 수 있었다. 댓글로 조선족을 언급한 사람은 나밖에 없었던 데다, 내가 상황 파악을 못 하는 사이 스파이더맨이 추가 댓글을 달았기 때문이었다.

> 캣우먼 님, 대답 좀 해 주시죠?

이런 황당한 일이 있나. 그냥 한마디만 보태고 빠질 생각이었는데, 왜 하필이면 내 걸 가지고 저런담? 더 할 말도 없고만.
잠시 고민에 빠졌다. 어떻게 한담? 되는 대로 아무 소리나 해 버려? 그러는 사이에 스파이더맨은 또 댓글을 달았다.

> 캣우먼 님 자리에 안 계신가요? 어디 똥이라도 누러 가셨어요?

헉. 뭐 저런 놈이 다 있지? 나는 생각이고 뭐고 때려치우고 다짜고짜 키보드를 두드렸다.

> 스파이더맨 씨, 지금 시비 거는 건가요?

사실 시비조 댓글을 단 건 나였지만, 어쨌든 기가 눌릴 수는 없었다. 아마 스파이더맨인지 무당거미인지 하는 놈도 같은 생각이었나 보다. 지체 없이 응답을 한 걸 보면 말이다.

> 시비라뇨. 질문에 답 좀 해 달라는 건데요. 다시 한 번 여쭤볼까요?
> 조선족 불법 체류자는 그런 말을 하면 안 되는 건가요?
> 언제 안 된다고 했나요?
> 그럼 왜 제가 조선족인지 아닌지 궁금하죠?

글쎄다. 대체 왜 그런 질문을 던졌지? 난 할 말이 없어졌다.

스파이더맨은 꽤 익숙한 이름이었다. 붉은 스파이더맨 가면을 이모티콘으로 달고 있는 것만으로도 튀는데, 가끔씩 올리는 글이나 댓글도 눈에 확 띄지 않을 수 없을 만큼 재수 없었다. 가령 이런 식이다. 이번 흉악범 사건과 관련해서도 그랬지만, 다들 흥분하고 분개하고 욕을 퍼붓는 상황에서 혼자 선비처럼 공자님 말씀을 해

댄다. 이성이니 인권이니 민주주의 따위를 들먹이면서.

특히 외국 혹은 외국인, 특정 인종에 대한 비하 글이 올라오기라도 하면 귀신같이 등장한다. 마치 연락이라도 받은 듯 필요할 때면 꼭 나타나는 스파이더맨이나 캣우먼처럼. 하기야 달리 닉네임이 '스파이더맨'일까.

아무튼, 그래서 '짱깨' '쪽발이' '깜둥이' 따위의 말을 쓰거나 외국인 노동자에 대한 증오를 부추기는 따위의 글을 올리는 사람은 이 인간에게 장황한 훈계를 들어야 했다. 거기에 민주주의. 인권, 평등 같은 지겨운 말이 등장함은 물론이고, 재수 없으면 인종주의자나 파시스트 딱지를 뒤집어쓰기도 해야 했다.

스파이더맨이 조선족 중국인이 아닌가 의심하게 된 것도 아마 그 때문이었을 거다. 생각해 봐라. 그렇지 않고서야 멀쩡한 한국인이 기껏 외국인 인권 문제 같은 걸 가지고 그렇게 난리를 피우겠는가.

캣우먼 님, 또 똥 싸러 가셨나요?

재수 없는 놈. 그새 다시 댓글을 달았다. 내가 당황하는 걸 눈치 챘는지 생각할 틈도 없게 계속 시비를 건다. 아, 정말 어쩐담? 이

상황에서 잠수하는 건 완전 개망신인데. 이제 댓글 다는 사람도 없고 나하고 저놈 단 둘이 싸울 판인데.

> 잠깐 통화 좀 하느라 자리를 비운 겁니다. 알지도 못하면서 비아냥거리지 좀 마시죠? 누가 보면 할 말이 없어서 도망간 줄 알겠네요.

일단 위기는 넘기고 봐야 했다. 그런데 너무 급해서 또 비아냥거 릴 빌미만 줘 버렸다. 아이고, 두야.

> 이 늦은 시간에 전화가 오나요? 믿기진 않지만 뭐 그렇다 치고, 도망간 게 아니라면 이제 대답 좀 해 보시죠? 할 말이 없는 것도 아니시라면서.

어떡할까? 글도 뒤 페이지로 밀렸겠다, 민망하긴 하지만 그냥 모른 척하고 잠수 타? 하지만 그럴 수가 없었다. 어떤 놈이 중간에 끼어들어 약을 올렸기 때문이다.

> 캣우먼 님 답변, 정말 궁금하다. ㅋㅋㅋ.

이건 막다른 골목이랄 수밖에. 설마 아직도 이 대화를 지켜보고 있는 인간이 있을 줄이야. 게다가 다시 이어지는 그놈의 말.

아무래도 제 질문을 까먹으신 것 같아서 다시 한 번 말씀 드릴게요. 제가

조선족인지 아닌지 왜 궁금하신데요?

나는 그만 에라 모르겠다, 될 대로 되라는 심정이 돼 버렸다.

궁금해하면 안 되나요?

되죠. 그런데 왜 하필 그게 궁금한지 저도 궁금하거든요?

그야 님이 평소에 하는 짓 때문이죠. 조선족 불법 체류자가 아니면 왜 그

리 조선족을 옹호하나요?

오호, 그래서 그랬군요. 조선족을 옹호하면 조선족 불법 체류자다, 이리 생

각하시는 거네요?

당연한 거 아닌가요? 그딴 사람이 아니면 누가 그런 짓을 하겠어요?

캣우먼 님은 그러니까, 한국에서 조선족을 편드는 사람들은 한국에 머무

는 조선족밖에 없다고 생각하시는 거죠? 님 말씀에 따르면, 한국인의 목숨

따위는 하찮게 여기는 불법 체류자?

가만, 내가 저런 말을 했다는 거야? 확인해 보고 싶어서 스크롤

을 쭉쭉 올리며 내 댓글을 찾았는데, 줄줄이 이어진 긴 댓글들 사이에 정말 그런 말이 있었다! 아, 바보 같으니. 뭔 생각으로 저런 말을 내뱉었을까.

하지만 후회해 봤자 이미 늦었다. 그냥 버티는 수밖에.

사실 아닌가요? 요즘에 조선족들이 얼마나 범죄를
많이 저지르는지 아세요? 뉴스 안 보시나요?
캣우먼 님의 생각을 간단히 정리하면,

스파이더맨은 내 말에 대꾸도 하지 않고 꿋꿋이 자기 말을 이어갔다.

첫째, 조선족은 옹호 받을 가치가 없는 사람들이다, 둘째, 그런 인간들을
편드는 사람은 조선족 불법 체류자들뿐이다, 셋째, 조선족 불법 체류자들
은 한국인의 목숨을 하찮게 여기는 흉악범이다, 이렇게 되는군요. 맞죠?

뭐 이런 놈이 다 있담? 인터넷 게시판에서 생각 없이 막 던진 말을 순서 붙여 가며 저렇게 정리하는 건 도대체 뭐야? 아무튼 덕분에 나는 다시 말문이 막혀 버렸다. 그러는 사이 놈은 생각할 틈을

안 주겠다는 듯 대답을 재촉해 댔다.

> 캣우먼 님, 맞죠? 얼른 대꾸를 해 주셔야 토론을 이어 가죠.

토론은 뭔 빌어먹을 놈의 토론? 일방적으로 '떡실신'당하고 있고만. 게다가 또 참견맨이 끼어들어 약을 올렸다.

> 캣우먼 님 많이 곤란하시겠다. 답을 안 할 수도 없고. ㅋㅋ.

으, 재수 없는 것들 같으니라고. 그건 그렇고 정말로 내 말이 저렇게 정리되는 건가? 그런 거 같기도 하고 아닌 거 같기도 하고. 이게 바로 말로만 듣던 '멘붕'의 순간인가? 내가 할 말이라고는 욕밖에 없었다. 바로 그때 다시 이어지는 스파이더맨의 댓글.

> 답답하군요. 욕이라도 좀 하시든가…….

마치 내 머릿속을 빤히 들여디보고 있다는 듯한 그 빈정거림에 마침내 내 인내심은 바닥을 드러내 버렸다.

한다, 이 개자식아. 불법 체류자 주제에 무슨 말이 그리 많아. 헛소리 그만 하고 너희 나라로 돌아가 버려라, 더러운 짱개 놈아.

그렇게 상욕을 퍼붓고 나니 속이 후련했다. 하지만 그걸로는 부족했다. 그래서 놈의 반응을 살폈다. 무슨 말이든 대꾸해 오면 더 걸쭉한 욕을 선물해 줄 작정이었다. 하지만 스파이더맨은 댓글을 달지 않았다.

ㅋㅋ 캣우먼 님, 욕 찰지게 하신다. 파이팅~ ㅋㅋㅋ.

댓글을 단 건 그놈이 아니라 그놈보다 더 얄미운 참견맨이었다. 이거 참, 정말 내 머릿속을 들여다보기라도 하는 건가? 그런 생각이 들자 더 분통이 터졌다.

아가리 있으면 벌리고 뭐라고 좀 지껄여 보지, 그래? 찌질한 불법 체류자 놈 같으니라고.

나는 거의 제정신이 아니었고 스파이더맨은 여전히 말이 없었다. 나는 다시 키보드를 두드렸다.

하긴 남의 나라에 몰래 와서 구걸해 먹고사는 주제에 할 말이 있을 리가
없지……

이렇게 치고 막 입력 버튼을 누른 순간, 갑자기 화면에 쪽지가
떴다.

스파이더맨 님의 쪽지:

저기 캣우먼 님. 실례지만 나이가 어떻게 되시는지요?

어라, 이 인간 웃기네? 난데없이 나이는 왜? 픽 웃으며 쪽지를 꺼 버리고 게시판에 다시 댓글을 달았다.

쪽지는 왜 보내고 난리야? 그리고 내 나이가 왜 궁금한데?

그러자 다시 쪽지가 떴다.

스파이더맨 님의 쪽지:

공개 게시판에서 나이를 물을 수는 없잖아요.
쪽지로 답해 주세요.

이 인간이 뭐 찔리는 거 있나? 할 말 있으면 자꾸 쪽지 보내지 말고 정정당당히 댓글로 달란 말야!

스파이더맨 님의 쪽지:

그럼 할 수 없네요. 나중에 후회하기 없어요?

웃기는 놈이네. 후회는 뭔 놈의 후회? 할 말 있으면 어서 지껄여 보라니까.

기왕 버린 몸이라 이렇게 막 떠들어 댔지만, 솔직히 말하면 조금 겁나기는 했다. 아무 대꾸도 없다가 갑자기 쪽지로 나이를 묻는 거 하며, 끝까지 정중한 말투를 버리지 않는 침착한 태도라니. 다음 대응이 과연 무엇일지 나도 모르게 긴장하지 않을 수 없었다고나 할까. 여전히 씩씩거리며 키보드에 손을 얹어 놓고 있긴 했지만 말이다.

이러다 두 분 정들겠다. 낄낄.

쪽지까지 보내시고. ㅋㅋ. 스파이더맨 님 혹시 캣우먼 님
좋아하시는 거 아냐? ㅋㅋㅋ.

이렇게 된 거 두 분 사귀시죠? 가만, 두 분 다 남자시던가?

ㅋㅋㅋ 뭐 그러면 어떤가여.

제기랄. 구경꾼, 참견꾼이 한두 명이 아니었다. 뒤 페이지로 한참 밀렸을 텐데, 온 게시판에 소문이라도 난 걸까? 난 좀 창피해졌다. 아무 말 없이 빠져나가고 싶을 정도로. 하지만 그럴 수도 없었다. 버릇처럼 페이지를 '새로 고침' 하자 놈의 댓글이 나타났기

때문이다.

저기 캣우먼 님, 실례지만 설마 '초딩'이나 미성년자는 아니시죠?

순간 나도 모르게 움찔하고 말았다. 가슴이 철렁, 마치 도둑질이라도 하다 들킨 것처럼 내려앉았고.

본래 험한 인터넷 세상에서는 일단 남자로 여겨지는 게 편하다. 여자라는 게 알려졌을 때 날아오는 성가신 쪽지며 야릇한 댓글들만 생각해도 말이다. 거기에 여자라고 은근히 무시하고 함부로 대하는 분위기도 있어서 어지간한 깡다구가 없이는 버틸 수 없다.

하물며 이 사이트, 곧 디브이디 인사이드처럼 남자의 수가 압도적이고 20대 이상의 성인들이 많은 곳은 말할 것도 없다. 생각 없이 별명을 캣우먼이라고 지어 놔서 처음에는 얼마나 성가셨던지. 그때 받은 남자들 쪽지만 해도 아마 몇 십 통은 될 거다.

아무튼 편안히 즐기려면, 그리고 가끔 '뻘글'이나마 올리고 댓글 논쟁에라도 참여하려면 남자인 척하는 게 좋다. 그것도 적당히 나이 먹은 성인 남자. 최소한 여자라는 사실, 거기에 나이가 어리다는 사실을 밝혀서는 결코, 네버, 안 된다.

그런데 당황하다 엉겁결에 내뱉은 말이 지금 생각해도 가관이었다.

그걸 말이라고 하세요? 내가 그렇게 우습게 보이십니까?

아, 이걸 어째. 기껏 앞에선 반말에 상스런 욕을 쏟아 놓고서, 남자 말투 흉내 낸다고 느닷없이 손발이 오그라드는 댓글을 달고 말았으니. 마음 같아서는 얼른 지워 버리고 다시 욕설을 퍼부어 주고 싶었지만 이미 다른 사람들이 봤을 게 분명했다.

그렇군요. 그럼 성인분으로 알겠습니다.

게다가 스파이더맨의 댓글이 전광석화처럼 달렸다.

그렇게 알거나 말거나. 그런데 그게 왜 궁금한데?

다시 반말로 돌아갔다. 하지만 뜻밖의 질문에 위축됐던 터라 차마 욕설까지는 안 나왔다. 도대체 왜 그런 걸 묻는지 실제로 궁금하기도 했고.

스파이더맨은 잠시 뜸을 들였다. '새로 고침'을 몇 번 했건만 댓글이 달리지 않았다. 마침 오줌이 마려워 화장실에 다녀온 뒤에야 달린 그놈의 댓글을 보고 어이가 없었다.

캣우먼 님을 고소하려고요. 며칠 후에 경찰서에서 부를 테니 너무 놀라지 마세요.^^

헉, 고소? 경찰에 신고하여 처벌해 달라고 하는 거? 내가 무슨 범죄를 저질렀다고? 말도 안 되는 소리에 화가 나서 욕 좀 한 게 그리 큰 잘못이야? 웃기는 놈이지 뭐냐. 남의 나라에 와서 민폐 끼치는 놈이 인터넷에서 안 좋은 소리 좀 들었다고 그딴 협박질을 해 대다니. 그나마 지가 욕먹을 짓 한 건 생각도 못 하겠지?

캣우먼 님 고소미 드시게 생겼네. ㅋㅋ.
고소미 서로 나눠 먹으면서 사랑을 키우세요. ㅋㅋㅋ.
스파이더맨이 회심의 거미줄을 내뿜었네? 캣우먼 님,
잘못하면 거미 밥 되시겠다. ㅜㅜ.

구경꾼들이 약을 올리고 겁을 주었지만 그 때문에 특별히 화가 나지는 않았다. 다만 좀 창피했을 뿐. 그들의 댓글을 보며 속없이 낄낄거렸을 정도로 오히려 마음은 편안해졌다.

뭔가 심각한 일이 생길지도 모르겠다는 걱정이 스멀스멀 피어오른 건 그날 밤, 자려고 침대에 누웠을 때부터였다. 어쨌든 남들 다 보는 게시판에서 상스러운 욕을 퍼부어 댄 건 잘못이라는 반성과 함께 진짜로 경찰서 드나들다 콩밥 먹을지도 모른다는 두려움이 몰려왔다. 가슴이 콩콩 뛰고 온갖 잡념이 꼬리에 꼬리를 물고 피어올랐고 말이다. 덕분에 잘 시간이 훨씬 넘었는데도 좀처럼 잠을 이룰 수가 없었다.

당장의 걱정은 엄마, 아빠가 이 사실을 알면 어찌 될까 하는 것이었다. 고지식하기 짝이 없는 얼치기 시민운동가 아빠에, 성질 급하고 까다로운 약사 엄마라면 사실 반응이야 빤하지 않겠는가. 과장이 아니고, 엄마는 어쩌면 날 두들겨 패서 내쫓을지도 모른다.

물론 그래도 실낱 같은 자비를 기대할 수 있는 구석은 있었다. 어쨌거나 난 그분들의 하나밖에 없는 딸이라는 사실이었다. 생각해 보라. 귀한 외동딸이 흉악한 불법 체류자 놈한테 봉변을 당했는데, 명색이 부모라는 사람들이 내내 야단만 치겠는가?

짐작컨대 실제로 일이 벌어진다 해도 결국은 내 편을 들어 주고 도와줄 수밖에 없을 것이다. 아무리 특이한 부모라지만, 어쨌든 그들은 나를 낳고 길러 준 엄마, 아빠이니 말이다.

ㅋ. 고소장

"아빠, 잘못했어. 설마 이렇게까지 될 줄 몰랐어."

"뭐라고?"

아빠의 눈이 휘둥그레졌다.

"잘못했다고. 하지만 일부러 그런 건 아냐."

"메시가 부상당한 게 왜 네 잘못이지?"

응? 메시? 그 유명한 축구 선수? 난 할 말을 잃고 말았다.

"아니 그럼……."

"네가 메시 다리를 부러뜨린 거였어?"

"아, 아니, 내가 왜?"

아빠가 고개를 젖히고 푸하하하 웃어 댔다. 제기랄, 아빠가 그렇게 세상이 다 끝난 것 같은 표정을 지은 건 자기가 좋아하는 축구 팀 스타플레이어가 부상을 당했기 때문이었다. 뭐 이런 어이없는 경우가 다 있담?

"아빠, 그러면 그렇다고 빨리 얘기를 해야지!"

"얘기? 나는 너도 다 아는 줄 알았지."

"알긴 뭘 알아! 축구 따위 관심도 없단 말이야!"

"축구 따위라니? 아빠는 축구 보는 재미로 사는데."

세상에 고작 남의 나라 축구 선수 하나 부상당했다고 그런 표정을 짓다니. 우리 아빠지만 정말 이해할 수가 없다. 하긴 메시가 경기를 하는 날이면 밤잠을 설쳐 가며 중계를 볼 정도로 열렬한 팬이니 그럴 만한 것도 같고.

"그런데 넌 무슨 잘못을 한 거지?"

아빠가 갑자기 정색을 하며 물었다.

"아 그게…… 그러니까, 별 거 아냐."

"별 거 아닌 게 아니던데? 눈물까지 글썽이고."

"아무것도 아니라니까."

"설마 진짜로 메시에게 부상을 입힌 건 아닐 테고, 너 무슨 일 있지?"

아이고 두야. 내가 얼굴도 잘 모르는 외국 축구 선수 다리는 왜 부러뜨리나.

"가만, 너 아까 고소 어쩌고 하지 않았니?"

"내가 언제?"

"분명히 들었는데?"

"아냐, 그런 말 한 적 없어. 고소미 과자라면 몰라도."

헉, 내가 지금 뭔 소리를 한 거냐. 고소미나 고소나. 역시나 아빠도 그 정도는 알고 있었다. 아빠는 벌떡 일어나 걸어와서는 내 얼굴을 빤히 내려다보았다.

"혹시 너 고소미 먹을 일 있는 거 아니냐?"

"아, 아냐, 아빠. 고소장 안 받…… 아니, 아니, 나 그딴 과자 싫어해."

"뭐? 고소장?"

갈수록 태산이었다. 당황하니 횡설수설에 할 말 못 할 말 다 해 버린다.

"영심아, 솔직히 말해 봐. 너 정말 무슨 일 있지?"

나는 참지 못하고 울어 버렸다. 아빠는 나를 살짝 안고서 토닥토닥 등을 두드려 주었다.

하지만 자초지종을 들은 아빠의 첫 마디는 냉정했다.

"네가 잘못했네."

물론 난 그대로 승복할 수 없었다.

"잘못은 잘못이지만 내가 틀린 말 한 건 아니잖아."

"틀린 말 안 했다고? 그럼 대체 뭘 잘못했다는 거지?"

"그거야, 내가 예의 없이 비아냥거린 거, 험한 말 한 거……?"

"그것도 어쨌든 명예 훼손 아닐까?"

"그게 무슨 명예 훼손이야? 그리고 그런 자식한테 무슨 명예가 있다고?"

아빠는 어이가 없다는 듯 킥킥 웃었다.

"그건 그렇고, 고소장이 너한테 왜 날아와?"

"그놈이 나를 고소한다잖아. 그러니까 진짜로 고소했으면 나한테 고소장이 오는 거 아냐?"

아빠가 또 하하하 웃었다. 그런데 왜 웃지? 내 말이 틀린 건가?

"고소장은 경찰서로 가지 너한테 오는 게 아냐."

응? 이건 또 무슨 말씀?

"너, 고소장이라는 게 뭔지는 알고 있냐?"

"'너 고소', 이렇게 통보하는 서류 아냐? 그러니까 고소미 먹이겠다고 정식으로 알려주는 편지 같은 거."

"내가 고소미를 먹어 봐서 아는데……."

"아빠가 고소미를 먹어 봤다고? 언제?"

"여러 번 먹었지. 너도 알다시피 아빠가 시민운동가 아니냐. 정의와 인권이 짓밟히는 현장을 찾아가 늘 싸우고 말이야."

그러면서 아빠는 고개를 치켜들고 주먹을 불끈 쥐었다.

"아빠가?"

"왜 그런 표정을 짓지? 아무튼, 그러다 보니 돈 많고 권력 있는 사람들은 아빠를 미워할 수밖에 없어요. 아빠 때문에 마음대로 약자를 괴롭히거나 부당하게 돈벌이를 할 수 없거든. 그러니 그런 사람들이 아빠를 뭣으로 굴복시키겠니?"

"고소?"

"글치. 고소 같은 걸로 겁주는 것밖에 없지."

악, 웬 천인공노할 '자뻑'? 하고 한 날 텔레비전 앞에 앉아 축구나 감상하면서 그런 정의로운 투쟁을 벌일 틈이나 있었을지? 게다가 시민운동한다고 잘 다니던 직장 때려치우고 인권 운동 단체에 들어간 게 언제더라? 이제 서너 달이나 됐나?

참자, 참아. 그래도 명색이 시민운동가 아빠신데 가엾은 딸한테 뭔가 도움은 주겠지.

"알았어, 아빠. 알았고, 그래서 고소장이란 게 뭐야?"

"맞아, 그 얘기하던 참이었지? 하하. 난 꼭 얘기하다 옆길로 샌단 말이야. 지난번에도……."

"아빠! 고소장이 뭐냐고요!"

"아, 고소장! 하하하."

돌아 버리겠네. 이래 가지고 어떻게 시민운동씩이나 하고 있담?

"고소장이란 건 말이지, 에, 그러니까⋯⋯."

"그러니까 뭐?"

"고소를 할 때 쓰는 서류지."

"아빠, 그건 나도 알아. 제발."

순간, 아빠가 정색을 하며 말했다.

"말하자면⋯⋯."

또 하나 마나 한 소리를 하면 고소장이고 뭐고 방으로 들어가 잠이나 자야겠다고 마음을 굳힌 참이었다.

"범죄 행위로 피해를 입은 사람이 자기에게 범죄를 저지른 사람을 처벌해 줄 것을 요구하는 서류야."

범죄? 처벌? 그럼 그 스파이더맨이라는 놈은 내가 자기에게 범죄를 저질렀다고 생각하는 건가? 자기는 범죄 피해자고? 어머, 세상에나!

"그런데 누구에게 요구하는 거야? 경찰?"

"경찰이라고 할 수도 있지만, 정확하게는 검사가 아닐까? 경찰관은 검사의 지휘를 따르게 돼 있으니 말이야. 물론 고소장은 경찰서에 내야 하지만."

그렇다. 경찰서에 내는 고소장이 나에게 올 일은 처음부터 없었던 거였다. 그건 그렇고 내가 그놈한테 무슨 범죄로 어떤 피해를 입혔다는 거지?

"당연히 명예 훼손죄겠지, 바보야."

"아빠는 아까부터 명예 타령이야! 그런 놈한테 훼손될 명예가 어디 있다고?"

"하하하!"

아빠가 또 웃었다. 그것도 고개를 한껏 뒤로 젖히고서. 참 나. 하나밖에 없는 딸내미가 고소를 당했다는데 그렇게 웃음이 나오나.

"아빠, 뭐가 그리 웃겨? 내가 고소당한 게 재미있어?"

"그럴 리가. 그보다 영심아, 명예란 건 말이야······."

"됐어!"

나는 자리에서 벌떡 일어나 쿵쿵 내 방으로 들어와 버렸다. 그리고 방문을 쾅 닫은 뒤 침대에 누워 점순이한테 문자를 보냈다.

"너 내일 시간 있냐? 오랜만에 얼굴 좀 보자."

4. 외계 언어

학교 근처 분식집은 빈자리가 없었다. 한 달 전쯤에 새로 생긴 체인점이었는데, 그런지 싸고 맛있어서 늘 붐볐다.

"모처럼 떡볶이 맛 좀 보려고 했더니 오늘도 틀렸다야."

분식점 안을 기웃기웃하던 점순이가 실망스런 표정으로 돌아보며 말했다.

"중국집 가서 짜장면이나 먹을래?"

"짜장면? 또?"

점순이는 짜장면을 참 좋아한다. 아무리 짜장면을 좋아해도 보통은 짬뽕도 먹고, 아주 가끔은 볶음밥 같은 것도 먹는데, 얜 한결같다. 시도 때도 없이 무조건 짜장. 간짜장을 시키는 법도 없다.

"왜? 싫어? 너 밥도 안 먹고 왔다며?"

뭐 그렇긴 하다. 저녁밥 해 놨다고 먹고 나가라는 아빠 말도 들은 체 만 체 뛰쳐나온 터라 어차피 요기는 해야 하는데.

"그래, 북경반점 가자. 난 짬뽕 먹으면 되지."

북경반점은 중국인이 하는 중국집이었다. 내가 태어날 때 이미 있었고, 이 동네 토박이인 점순이네 아버지가 어렸을 때부터 드나들었다는 역사 깊은 곳이다. 수많은 동네 점포들이 서너 달마다 문을 닫고 새로 열기를 되풀이하는 요즘에 참으로 보기 힘든 가게가 아닐 수 없다. 이름부터 얼마나 촌스러운가.

"짜장면 하나, 짬뽕 하나 주세요."

주인아저씨가 "네." 하고 가서는 주방 쪽에 중국말로 뭐라 뭐라 소리친다.

"그런데 요샌 짬짜면 안 먹니?"

점순이가 녹차를 마시며 물었다.

"안 먹기로 했다. 짜장면이면 짜장면이고 짬뽕이면 짬뽕이지, 비겁하게 짬짜면이 뭐냐."

"비겁? 하하하!"

"막상 두 가지를 한꺼번에 먹으니 맛도 없더라고. 근데 넌 왜 짬뽕을 안 먹냐?"

"짜장면을 좋아하니까."

"짬뽕은 싫어해?"

"아니."

"그럼 가끔 먹을 수도 있는 거 아냐. 짜장면 질리지도 않냐?"

"짜장면이 더 좋아. 안 질려."

"기가 막혀서. 너 같은 애 처음 본다, 정말."

"내 취향이니까 그냥 존중해 주라."

정말 특이한 애다. 짜장면도 짜장면이지만, 햄버거나 피자, 치킨도 안 먹는다. 이유는 그냥 싫어서다. 덕분에 초등학교 때부터 붙어 다니다시피 한 나도 그런 거 먹을 기회가 거의 없었다.

"그런데 너 웬일이니? 네가 하도 난리를 쳐서 학원까지 빠졌잖아."

"그깟 그림 하루 안 그리면 어때?"

"뭐, 그깟 그림?"

"그깟 그림이지. 어떻게 넌 영어 학원도 안 다니면서 거기는 그렇게 열심히 다니냐?"

"너같이 어린애가 알겠니?"

점순이가 픽 웃으며 말했다.

"그건 그렇고, 이 시간에 왜 불러냈냐니까? 그것도 일주일 만에."

"그러니까 그게……."

점순이에게 고소 사건의 전말을 간단히 이야기해 주었다. 도중에 나온 짬뽕도 먹는 둥 마는 둥 하며.

"그런 일이 있었다고?"

점순이는 눈이 똥그래졌다. 짜장면 가닥이 걸린 나무젓가락을 든 채 입을 다물 줄을 몰랐다.

"근데 왜 나한테는 이제 얘기하니?"

"그게 말이야……."

"너 친구 맞아?"

"바보야, 우리 아빠한테도 겨우 어제서야 말했다니까."

"아빠는 아빠고 친구는 친구지."

"알았어, 알았고. 넌 어떻게 생각하냐?"

"뭘?"

"뭐긴 뭐야. 그놈이 고소한 거 말이지. 내가 그렇게 잘못한 거냐?"

"글쎄?"

"막 욕을 해 준 건 그럴 수 있다 치더라도, 내 말이 틀린 거냐고?"

"짜장면이나 먹고 얘기하자. 너도 얼른 먹고."

이런 점순이 같으니라고. 친구가 고소당하게 생겼다는데 짜장면 가닥이 목으로 넘어가니? 아무튼 그래서, 나도 젓가락을 들고 짬뽕 면을 집어먹기 시작했다.

"그러애 거이닝 어드케 앙어니?"

젓가락으로 단무지 하나를 집으며 점순이가 말했다. 하지만 입 안에 가득 찬 짜장면 가닥을 씹느라 정확하게 발음이 되지 않았다.

"뭐라고?"

점순이는 단무지를 입에 넣고 부지런히 씹어 삼킨 뒤 힘들다는 듯 잠시 고개를 쳐들었다.

"거기를 어떻게 알았느냐고. 디브이디 인사이드 말이야."

가만, 어떻게 알았더라? 가입한 지는 한 2년 돼 가는 거 같은데…….

"그거 네가 알려주지 않았냐? 아닌가? 아무튼 네가 컴퓨터에 그 사이트를 열어놓은 걸 한두 번 본 건 분명하다."

"그래? 난 전혀 생각이 안 나는데?"

"지금 그딴 게 뭐가 중요해?"

나는 다시 고개를 수그린 채 내 짬뽕에 집중했다. 통통한 면발을 한 젓가락 집어서 후루룩 빨아들여 잘근잘근 씹었다. 그리고 두 손으로 그릇을 들어 매콤한 국물을 한 모금 들이마셨다.

"그런데 점순아, 너는 요새 거기 안 들어가냐?"

"응? 나?"

점순이가 새삼스럽다는 표정으로 나를 쳐다보았다. 마침 양손에 젓가락과 그릇을 각각 들고 얼마 안 남은 짜장면을 입에 굵어

넣던 중이었다. 얼마나 열심히 먹었는지 입 주위가 온통 시커매서 윗입술 언저리에 있는 까만 점이 안 보일 정도였다.

"그게, 회원 가입해서 잠깐 하다가 말았지. 지금은 아이디도 생각 안 나는걸?"

"그럼 그 인간도 잘 모르겠구나."

"스파이더맨?"

"그래."

"당연히 모르지."

오랫동안 활동을 안 했다면 사실 점순이가 알 리가 없다. 스파이더맨이 지금처럼 설쳐 댄 건 겨우 서너 달밖에 안 됐으니.

"그런데 넌 어떻게 그런 델 드나들 생각을 한 거지? 나이 많은 남자들이 우글대는 곳인데?"

"아, 우리 오빠가 가끔 들어가더라고. 옆에서 조금씩 보다가 호기심에 가입해 본 거지."

"그래?"

"응. 그런데 도저히 못 견디겠더라. 아저씨들 냄새가 나는 거 같고."

"아저씨들 냄새? 하하하!"

생각해 보니 그런 것도 같았다. 우리 또래 여자애들이 모이는 사이트에서는 대개 젊은 가수나 배우, 아니면 일본 만화 얘기나 즐겨하는데, 디브이디 인사이드는 전혀 다르다. 온갖 잡스러운 게시물 속에서 그런 주제를 다룬 글은 극히 일부에 불과했으니 말이다.

대신 올림픽이나 월드컵 축구 대회 같은 큰 스포츠 행사나 이번 연쇄 살인 같은 떠들썩한 사건이 벌어지면 거의 그 한 가지 주제의 글만 올라온다. 특히 선거 때가 되면 이 당 저 당, 이 후보 저 후보를 응원하는 정치 글들로 아주 난장판이 돼 버린다.

그러니 점순이 같은 순진한 계집애가 못 버틴 것도 당연하다. 나야 애초부터 유치한 연예인 얘기 따위는 관심도 없었고, 아빠 엄마한테 만날 듣는 게 그런 심각한 얘기들뿐이라 특별히 괴로울 것도 없었지만.

"근데 점순아."

"응?"

"내가 그놈한테 고소당할 만큼 잘못한 거냐?"

"글쎄, 난 잘 모르겠는데?"

"몰라?"

"모르지, 내가 그런 걸 어떻게 아니? 고소가 뭔지도 모르겠는데?"

아이고. 그래 내 잘못이다. 이제 중학교 2학년짜리 애가 명예 훼손이 뭔지 고소가 뭔지 어떻게 알겠니.

"그보다 영심아."

"왜."

"그 스파이더맨이라는 사람의 정체는 뭘까?"

"몰라."

나는 살짝 화가 나서 퉁명스럽게 대답했다. 조그만 계집애가 남자한테 관심은 많아 가지고.

"정말 조선족이야? 아닐지도 모르잖아. 본인도 아니라고 하는데."

"그거야 알 수 없지. 직접 만나 보지 않고서야 알 방법이 없잖아."

"구글링해 봤어?"

"구글링?"

"그래. '신상 털기' 할 때 맨 먼저 아이디를 구글에서 검색해 보잖아."

"아 그거. 당연히 해 봤지. 근데 나오는 게 하나도 없던데?"

"그래?"

점순이의 눈이 어느새 동그래져서 반짝반짝 빛났다. 계집애가 내가 묻는 말엔 시큰둥하더니 그런 '찌질한' 일엔 또 관심 있어 한다.

"그 오빠, 아니 참 그 사람 혹시 대학생 아닐까? 네 말 들어 보니 굉장히 똑똑하고 많이 배운 사람 같은데."

"너 죽을래? 지금 내가 그놈 때문에 잘못하면 감옥 가게 생겼는데, 뭐 오빠? 대학생?"

"그건 그런데, 어쨌든 궁금하잖아. 그리고 너도 일단 그 사람이 뭐하는 사람인지 정도는 알아 둬야 하는 거 아냐?"

뭐 사실 그렇긴 하다. 진짜로 조선족인지 아닌지 궁금하기도 하고. 하지만 지금 그게 문제인 건 아니잖아.

"근데 영심아, 고소인지 고발인지 그걸 당하면 어떻게 되는 거니? 정말로 감옥 가?"

"바보야, 고발이 아니고 고소."

"그게 그거 아니었어?"

"그게 그거인 게 아니고요."

"아니고?"

"고소는 범죄 피해자가 처벌해 달라고 하는 거고, 고발은……."

"고발은?"

"그러니까 그게……."

그게 뭐더라, 조금 전까지 머리를 쥐어뜯으며 공부했는데. 도저히 생각이 안 나서 가방을 뒤졌다. 그러자 점순이가 얄밉게 킥킥 웃어 댔다.

"너도 잘 모르는구나."

"잠깐 기다려 봐, 기집애야."

나는 집에서 백과사전 인쇄해 온 걸 꺼냈다.

"자 들어 봐. 고소는 범죄의 피해자, 기타 고소권자가 수사 기관에 일정한 범죄 사실을 신고하여 그 소추를 구하는 의사 표시야."

"응?"

"그리고 고발은…… 범인 또는 피해자 이외의 제3자가 수사 기관에 범죄 사실을 신고하여 그 소추를 요구하는 의사 표시래."

"그게 무슨 말이야?"

"무슨 말이긴. 한국말이지."

"한국말인데 왜 하나도 알아들을 수가 없지?"

솔직히 말하면 나도 점순이와 같은 심정이었다. 범죄, 피해자, 수사, 신고, 이런 말들은 대충 알겠는데, 뭘 어쩐다는 소린지는 도무지 알 수가 없었다.

"그니까 쉽게 말하면……."

"제발 쉽게 좀 해설해 줘 봐."

"고소는 범죄를 당한 사람이 경찰에 신고해서 범죄자를 처벌해 달라고 하는 거고, 고발은 피해자 아닌 사람이 경찰에 신고하는 거……. 대충 이렇지 않겠니?”

점순이가 내 손에서 종이를 휙 낚아챘다.

“그러면 수사 기관이라는 게 경찰이야?”

“그렇지 않을까? 고소장은 경찰에 내는 거라니까.”

“소추는?”

“소추는 처벌해 달라고 하는 거겠지, 맹추야.”

“그러니?”

“안 그럴 리가 없잖아.”

“처벌은 누가 하는데?”

“너 정말 바보냐? 경찰에 신고하니까 당연히 경찰이 하겠지.”

“확실해?”

“확실하고 말고도 없지. 경찰이 그런 일을 안 하면 누가 하겠냐.”

“그런가?”

점순이 고개를 갸웃거리고 뒤통수를 긁적거렸다. 그런 점순이
를 보며 한심하다는 듯한 표정을 지었지만, 사실은 나도 자신이
없었다. 인터넷 백과사전에서 뒤져 본 건 달랑 고소와 고발 두 가
지밖에 없었으니.

“수사 기관이면 수사만 하는 거 아니니? 처벌은 검사나 판사
가 하고.”

"아냐, 바보야. 판사하고 검사는 재판하는 사람이잖아. 넌 영화도 안 보냐?"

"그렇긴 한데……."

"뭐가 그렇긴 한데야. 그게 맞지."

뭐 확실하지 않아도 할 수 없는 일이다. 어차피 점순이도 모르는 상황이니.

"암튼 그럼 스파이더맨은 널 고발한 게 아니라 고소한 거네?"

"당근이지. 자기가 명예 훼손 당했다고 신고한 거니까."

점순이는 알겠다는 듯 고개를 끄덕끄덕했다. 내가 보기엔 제대로 이해한 것 같지가 않았는데 말이다. 하기야 연예인이나 좋아하는 중학교 2학년짜리가 그런 외계 언어를 어떻게 알 수 있겠는가.

"그나저나 점순아."

"응?"

"너네 미술 학원 선생님 법대 출신이라고 하지 않았냐?"

"아, 그 오빠? 그렇지."

한심한 '빠순이' 계집애. 서른 살이 다 돼 가는 아저씨를 오빠라고 부르고 싶냐? 내가 다 손발이 오그라든다.

"저기 그 오빠, 아니 아저씨한테 도움 좀 받으면 안 될까?"

"무슨 도움?"

"음, 고소를 당하면 어떻게 해야 하는지 그 아저씨는 알지 않을까?"

"그렇긴 하겠네. 근데 왜 그 오빠한테? 너네 엄마 아빠한테 도와 달라고 하면 되지."

점순이 얘는 아직도 우리 엄마 아빠를 모르나. 그렇게 뻔질나게 우리 집을 드나들고도? 쯧쯧, 이러니 네가 바보 소리 듣는 거다.

"엄마 아빠 얘기는 꺼내지도 마라. 관심도 없더라."

"뭐? 그럴 리가. 너 혹시 친딸이 아닌 거 아니니?"

"그런가 보다. 아무래도 이번 일로 출생의 비밀이 밝혀지려나 보다."

"하하하."

"웃지 말고. 난 진지하게 부탁하는 거야. 그 오빠, 아니 그 아저씨 한번 만날 수 없을까?"

"그럼 내일 나하고 학원에 같이 가면 되겠네."

"그래도 되냐?"

"안 될 게 뭐 있어. 그 오빠 내가 부탁하면 다 들어줘."

아, 끝까지 오빠, 오빠. 제기랄, 아무리 친한 친구라지만, 진짜 막 토할 거 같았다. 하지만 어쩌겠나. 아쉬운 내가 꾹 참아야지.

"그럼 내일 4시에 너희 학교 앞에서 다시 만나자. 오늘 밥값은 내가 내지."

"그래? 짜장면 잘 먹었다. 호호."

망할 계집애. 한번쯤 거절하는 시늉이라도 하지.

"내일 보자."

"그래, 안녕."

거리에 다시 나오니 아까보다 훨씬 어둡고 쌀쌀하다. 그러고 보니 어느 새 11월 초. 몸을 잔뜩 웅크리고 아파트 단지에 들어서자 콧구멍 속으로 꾸역꾸역 겨울 냄새가 밀려들었다.

방에 들어와 컴퓨터를 켜고 습관처럼 디브이디 인사이드에 들어갔다. 여전한 자유 게시판. 쉴 새 없이 글이 올라오고, 쉴 새 없이 댓글이 달리며 논쟁이 벌어지고 있었다.

'그래, 밤새도록 싸워라.'

보통 때 같으면 뒤 페이지를 '복습'을 하며 한두 군데쯤 댓글을 달았겠지만 요새는 그냥 콧방귀 한번 뀌고 만다.

대신 그놈의 흔적을 한참 동안 뒤져 봤다. 게시 글도, 댓글도 보이지 않았다. 혹시나 해서 쪽지함을 열어 봤더니, 아니나 다를까, 그놈이 새로 보낸 쪽지가 세 통이나 들어 있었다.

캣우먼 님, 열심히 법 공부하고 있겠죠?
지금쯤은 고소가 뭔지 아셨을지?
공부에 도움 좀 되시라고 몇 가지 힌트를 드립니다.^^

"범죄로 인한 피해자는 고소할 수 있다."
형사 소송법 제223조

┌───┐
│ ◹   ⊠ │
├───┤

"모든 국민은 인간으로서의 존엄과 가치를 가지며, 행복을 추구할 권리를 가진다. 국가는 개인이 가지는 불가침의 기본적 인권을 확인하고 이를 보장할 의무를 진다."

헌법 제10조

"모든 국민은 법 앞에 평등하다. 누구든지 성별·종교 또는 사회적 신분에 의하여 정치적·경제적·사회적·문화적 생활의 모든 영역에 있어서 차별을 받지 아니한다."

헌법 제11조 1항

└───┘

┌───┐
│ ◹   ⊠ │
├───┤

"공연히 허위의 사실을 적시하여 사람의 명예를 훼손한 자는 5년 이하의 징역, 10년 이하의 자격 정지 또는 1천만원 이하의 벌금에 처한다."

형법 제307조 2항

└───┘

어라? 이건 또 뭔 외계 언어? 스파이더맨, 너 지금 나 약 올리는 거냐? 아니면 장난? 휴, 하여간 얄미운 놈······.

5. 악몽 - 법 앞에서

경찰서는 태어나서 처음이었다. 나는 잔뜩 긴장한 채 보초가 서 있는 정문을 지나 경찰서장실 문 앞까지 걸어갔다. 똑똑. 노크를 하니 들어오라는 목소리가 들렸다. 문을 열고 들어가 보니 꽤나 넓은 방이었다. 한쪽 구석에서 늙수그레한 어떤 아저씨가 책상에 앉아 열심히 서류를 들여다보고 있었다.

"무슨 일이시죠?"

경찰서장이 고개를 휙 들어 올리며 물었다.

"저기……."

"네?"

"고소를 하려고 왔는데요."

"아, 고소 말씀이십니까? 원하는 대로 하실 수 있습니다. 모든 사람은 법 앞에서 평등하고, 법의 문은 누구에게나 활짝 열려 있거든요."

마치 로봇처럼, 경찰서장은 한 마디 한 마디를 일정한 톤과 간격으로 또박또박 말했다.

"그, 그렇군요. 근데 고소를 하려면⋯⋯."

"먼저 저희 경찰서 홈페이지를 방문해서 게시판에 신청서를 올려 주십시오. 다시 말하지만 법의 문은 누구에게나 똑같이 열려 있습니다."

에헴, 하고 헛기침을 한 번 하고 경찰서장은 고개를 돌려 다시 서류를 들여다봤다. 나는 마침 들고 온 노트북으로 인터넷에 접속하고 경찰서 홈페이지를 열었다. 거기서 고소장 양식을 다운받고 필요한 것들을 써넣은 다음 게시판에 올렸다.

"게시판에 신청서 올렸어요."

경찰서장은 고개를 돌려 잠시 바라보더니 턱으로 한쪽 벽을 가리켰다. 벽 앞에는 등받이 없는 동그란 의자가 하나 있었다.

"저 의자에 앉아 기다려 주십시오."

나는 그 의자에 앉아 한참을 기다렸다. 한 시간, 두 시간, 세 시간⋯⋯. 하지만 그동안 경찰서장은 내게 단 한 번의 눈길도 주지 않았다. 견디다 못한 내가 다가가 아직 멀었느냐고 묻자 경찰서장은 살짝 고개를 돌린 후 이렇게 말했다.

"더 기다리셔야 합니다. 이후 물어보시거나 전달할 말이 있으면 게시판에 올려 주십시오. 답변은 거기에 댓글로 달아 드립니다. 법은 모든 이에게 평등하니까요."

그래서 다시 게시판에 글을 올려 언제까지 기다려야 하느냐고 물었다. 하지만 어떠한 답변도 달리지 않았다. 한 시간이 지나고 두 시간이 지나도.

"경찰서장님, 저는 너무나 억울한 일을 당했습니다. 한시라도 빨리 고소하고 싶습니다."

한 번 더 경찰서장에게 다가가 호소했지만, 그는 이제 고개조차 까딱하지 않았다.

"홈페이지 게시판에 글을 올리십시오. 법의 문은 만인에게 활짝 열려 있습니다."

시키는 대로 또 글을 올리고 여러 시간을 기다렸다. 하지만 이번에도 끝내 댓글이 달리지 않았다. 나는 의자에 주저앉아 엉엉 울었다. 그리고 어떡하든 고소를 해야겠다고 결심하고 지갑을 열어 돈을 꺼냈다.

"경찰서장님, 이건 제가 가진 돈 전부입니다. 받아 주시고 빨리 고소 절차를 밟아 주세요."

경찰서장은 손만 옆으로 내밀어 돈을 받고는 이렇게 말했다.

"제가 이 돈을 받는 건 당신의 성의를 무시할 수 없기 때문입니다. 차례가 올 때까지 기다리십시오. 법은 공정하고 모든 이들은 법 앞에서 평등합니다."

다시 의자에 앉아 '차례'가 올 때까지 하염없이 기다렸다. 하지만 아무런 일도 일어나지 않았다. 댓글도 안 달리고 누군가 나를 부르지도 않았다. 그리하여 나는 늙기 시작했다. 힘도 떨어지고 정신마저 혼미해졌다.

더 늙기 전에 한 번만 더 묻기로 했다.

"경찰서장님."

경찰서장은 여전히 고개를 수그린 채 미동도 하지 않았다.

"경찰서장님, 마지막으로 물어볼 게 있습니다."

"당신은 참 끈질긴 사람이군요. 하지만 법의 문은 누구에게나 열려 있으니 들어 주겠습니다."

"그러니까, 제 앞에 아무도 없었고, 지금까지 새로 온 사람도 하나 없는데 아직도 제 차례가 아닌가요?"

"다른 사람은 여기에 들어올 수 없어요. 이곳은 오직 당신을 위한 곳입니다. 하지만 모든 사람은 법 앞에 평등하고, 법의 문은 누구에게나 활짝 열려 있소."

아, 이게 무슨 개소리란 말인가. 이제 울 힘조차 없는 나는 마지막 힘을 짜내어 다시 한 번 호소했다.

"그렇다면 어서 제게 법의 문을 열어 주세요. 전 이제 죽어 갑니다."

그러자 경찰서장이 고개를 들고 돌아봤다. 그는 아까와 달리 머리에 크고 화려한 왕관을 쓰고 있었다. 게다가 허리춤에 긴 칼을 찼고, 한 손에는 성경책을 들고 있었다.

"맞습니다. 당신은 곧 죽을 겁니다. 그러니 이제 법의 문을 닫겠습니다."

경찰서장은 벌떡 일어섰다. 그리고 방문을 향해 성큼성큼 걷기 시작했다. 쾅 하는 소리와 함께 방문이 떨어져 나와 자빠진 건 겨우 두세 발자국 걸었을 때였다.

"혁명 만세!"

"왕을 끌어내라!"

우레와 같은 구호 소리와 함께 느닷없이 웬 사람들이 우르르 밀려 들어왔다. 청년, 아가씨, 어린이, 아주머니, 아저씨, 할아버지, 할머니 들이 줄지어 오며 목청껏 노래를 불렀다.

나아가자, 조국의 아들, 딸 들이여

영광의 날은 왔도다!

폭군에 결연히 맞서서

피 묻은 전쟁의 깃발을 올려라.

피 묻은 전쟁의 깃발을 올려라!

"모두 법을 지켜라! 다들 밖으로 나가!"

경찰서장이 큰 소리로 명령했다. 하지만 사람들은 전혀 들은 척도 안 했다. 맨 앞의 청년들이 경찰서장을 사정없이 밀치며 말했다.

"우리의 법은 당신의 법과 다르오. 우리는 우리의 법을 따를 뿐이오."

그들의 머리 위로는 커다랗고 선명한 붉은 깃발과 빨강, 파랑, 하양의 삼색 깃발들이 어지럽게 휘날렸다. 나는 여전히 등받이 없는 작은 의자에 앉아 멍하니 지켜봤다. 그러는 사이 경찰서장은 어디에 파묻혔는지 보이지도 않았다.

탕! 탕! 탕!

갑자기 콩 볶는 듯이 총소리가 울려 퍼졌다. 선두에서 깃발을 들고 있던 몇몇 청년들이 피를 흘리며 쓰러졌다. 아이들과 여자들은 소름 끼치는 비명을 내질렀다. 바닥에 피가 흐르기 시작하더니 순식간에 내 발밑을 흥건히 적셨다.

"아악!"

마침내 나도 참지 못하고 비명을 질렀다.

총소리는 더욱 요란해지고 사람들은 앞다투어 문 쪽으로 향했다. 하지만 어느 틈엔가 문이 닫혀 있어서 아무도 나갈 수가 없었다. 결국 아무도 총알을 피할 수 없었다.

"아악! 악!"

나는 계속 비명을 질러 댔다. 무르팍 위로 사람의 머리며 팔 같은 것들이 떨어졌다. 하나같이 피투성이였다. 무릎에 엎어진 팔 하나를 치우다가 나는 기절해 버렸다.

"이보시오. 눈을 뜨시오."

누군가 나를 흔들어 깨웠다. 가까스로 눈을 뜨고 올려다보니 바로 경찰서장이었다. 그는 여전히 왕관을 쓰고 있었으며, 한 손에는 피 묻은 칼을 들고 있었다.

"정신 차리고 의자에 앉으시오. 이제 다시 법의 문을 활짝 열 것이오."

하지만 난 다시 눈을 감았다. 더 이상 그 말에 속고 싶지 않았기 때문이다.

"이보시오, 당신은 고소하러 온 거요. 정신 차리고 다시 한 번 게시판에 신청서를 올려요."

신청서를 다시 한 번? 흥, 다 필요 없다. 나는 이제 아무도 고소하지 않을 테니까.

"고소를 포기한 거요?"

나는 힘없이 고개를 끄덕였다.

"흠. 그럼 당신을 체포하겠소. 법을 모욕하고 나의 명예를 훼손한 죄요."

철컥철컥. 경찰서장은 내 손에 수갑을 채웠다.

"하하하하……."

피비린내가 진동하는 바닥에 누운 채, 나는 소리 내어 웃었다. 웃음소리가 넓은 방 안에 가득 울러 퍼졌다.

"당신은 아마 중형을 선고받을 것이오."

경찰서장의 군홧발 소리가 멀어졌다. 하지만 나는 도저히 웃음을 멈출 수 없었다.

"아하하하……."

그런 나를 누군가가 흔들어 댔다.

"영심아, 꿈꿨니?"

"으응? 꿈?"

"무슨 잠꼬대를 그리 시끄럽게 해? 비명을 지르질 않나 깔깔 웃어 대질 않나."

눈을 뜨니 잔뜩 짜증난 엄마의 표정이 보였다.

"고소당했다더니 요즘 악몽 자주 꾸나 보다?"

"악몽? 그런가?"

"그러니 누가 고소당하라니? 자, 냉수 먹고 정신 좀 차려라."

엄마가 건네준 컵을 받아 벌컥벌컥 물을 마시니 그제야 정신이 좀 돌아왔다. 그나저나, 아, 그게 꿈이었구나. 참 괴상한 꿈일세. 개꿈인가? 그런데 왜 이리 생생하지? 너무 끔찍해서 그런 건가?

시계를 보니 아직 12시도 안 되었다. 꿈속에서는 한 편의 대하드라마 같은 느낌이었는데, 실제로 잔 시간은 기껏 15분에 불과했다.

"근데 무슨 꿈을 꾼 거니?"

엄마가 빈 컵을 받으며 물었다.

"뭐, 그냥, 그저 그런 꿈. 좀 끔찍하긴 했는데……."

"끔찍했다고? 꿈속에서도 댓글 함부로 달아 고소당한 모양이구나."

"엄마!"

"잠꼬대하면서 고소 어쩌고 그러던데?"

"내가 언제!"

"얘 봐라. 내가 안 들은 걸 들었다고 하겠니? 그리고 남부끄럽게 고소나 당하고 다니는 애가 뭘 잘했다고 큰소리람?"

엄마는 어이가 없다는 듯 고개를 젖히고 웃었다. 아니, 어쩌면 아빠나 엄마나 이리 똑같지? 세상에 딸내미가 자칫 감옥살이할지도 모르는데 신나게 웃어 대는 부모라니. 아무래도 내가 친딸이 아닌 게 분명한가 보다.

"곧 경찰이 부를 텐데 준비는 잘 하고 있니?"

"도와주는 사람도 없는데 어떻게 준비를 해?"

"아빠는?"

"그분께서는 시민운동하고 축구 경기 보느라 이런 하찮은 일엔 관심이 없는 것 같습니다요."

"그래? 아됐다, 얘. 나도 날마다 출근해야 하니 도와줄 수가 없겠는데, 어쩌니?"

"어차피 기대도 안 했어."

"그래도 넌 부모 잘 만난 줄 알아라. 다른 사람들 같았으면 딸이고 뭐고 당장 내쫓아 버렸을 텐데."

"너무너무 감사합니다, 어머니. 그러니 이제 좀 나가 주시죠?"

"하하하. 그래 나갈게."

엄마는 문을 닫고 나갔다. 그런데 혼자가 되자 다시 꿈을 꾸고 있는 듯한 느낌이 들었다. 방 한구석에 경찰서장이라는 사람이 앉아 있을 것 같고, 곧 방문을 박차고 깃발을 든 시위대가 몰려올 것만 같았다.

'휴, 살다 살다 별 희한한 꿈을 다 꾸어 보네.'

나는 불을 끄고 잠을 자려고 애를 썼다. 하지만 좀처럼 잠이 오지 않았다. 자꾸 어디선가 경찰서장의 목소리와 시위대의 구호가 들려오는 것 같았다.

'모든 사람은 법 앞에서 평등하고, 법의 문은 누구에게나 활짝 열려 있습니다.'

'혁명 만세! 왕을 끌어내라!'

가만, 근데 그 사람들, 어디 사람이었더라? 이상한 일이었다. 한 장면 한 장면 생생한데도 얼굴 모습은 하나도 생각이 안 났다. 한국 사람인지 외국 사람인지, 서양 사람인지 동양 사람인지 전혀 기억에 없었다.

'헐, 역시 개꿈이었나 보다. 다시 잠이나 자자.'

하지만 겨우 잠이 든 것은 한참을 이리저리 뒤척거리고 난 뒤였다. 그래도 또 꿈을 꾸지 않은 건, 그래서 그 재수 없는 경찰서장과 끔찍한 시위 진압을 보지 않은 건 정말 다행이었다.

6. 법대 출신 미술 선생님

"그런 댓글은 왜 달았지?"

미술 학원 오빠, 아니 선생님은 다짜고짜 따져 물었다. 마치 아버지가 자기 딸을 꾸짖기라도 하는 것처럼.

"네?"

사실 좀 어이가 없었다. 내가 설사 잘못했다 쳐도 처음 본 사람한테 이러는 건 뭐냔 말이다. 어른이면 다인가?

"그렇게 몰상식한 말을 왜 했느냐고."

"몰상식하다니요?"

난데없는 무례함에 화가 나서 같이 맞받아쳤다. 그러자 당황한 점순이가 끼어들었다.

"저기, 진정들하시고 주스나 한 잔씩 하세요. 하하."

"아 그럴까?"

"선생님, 이거 드세요."

점순이는 내가 사 들고 온 주스 상자에서 포도 주스 한 병을 꺼내 선생님에게 권했다.

"난 포도 주스는 싫어. 오렌지로 좀 줄래?"

"네? 아, 그러시구나. 그럼 이거 드세요. 호호."

아, 이 푼수 같은 계집애. 그저 남자라면 좋아 가지고. 직접 보니 별로 잘생기지도 않았구먼. 목소리는 왜 또 저리 재수 없냐.

"어허, 시원하다. 점순아 너도 한 병 마셔라."

"전 됐어요. 선생님이 한 병 더 드세요."

"아니 나는 됐고, 우리 친구, 가만 이름이 뭐랬지?"

"영심이요."

"그래, 영심이. 점순아, 영심이도 한 병 주거라."

아이고 잘들 논다. 느끼함에 속이 미식거리고 손발이 오그라들 것 같았지만, 어쩌겠나. 꾹 참을 수밖에.

"전 추워서 안 마실래요."

"그래? 바깥 날씨가 11월 치고는 건방지게 춥긴 하지. 감기 조심해야 돼."

뭐 이런 아저씨가 다 있담? 방금 전까지 굳은 표정으로 꾸짖어댄 건 그새 다 잊어버렸나? 갑자기 다정해져서는 난데없이 감기 걱정까지 해 주시고 그러나. 법대 출신이고 뭐고, 아무래도 내가 사람 잘못 찾아왔지 싶다.

"그런데 우리 친구 이름이 참 재미있네? 만화 주인공 이름이잖아."

"맞아요. 쟤네 아빠가 그 만화를 너무 좋아해서 그렇게 지었대요. 하하하."

으이고, 주책바가지 계집애. 그런 얘긴 도대체 왜 하는데? 나는 창피하고 화가 나서 얼굴이 화끈거렸다.

"괜찮아. 이름 예쁜데, 뭐."

"그렇죠, 선생님? 점순이보다 백배는 예쁜 거 같아요."

미치겠네. 점순아, 이 계집애야, 이름 얘기 좀 작작 하자.

"그런데 영심아."

다행히 내 기분을 알아챘는지 미술 선생님이 정색을 하며 나를 보았다.

"이렇게 이름도 예쁜 아가씨가 왜 그런 몹쓸 짓을 했지?"

헉. 다시 처음 질문으로. 대체 이 아저씨 뭐냐.

"네?"

"왜 그런 못된 댓글을 달았냐고."

순간 자리에서 일어나 버리고 싶었다. 아니 누가 그런 댓글 달고 싶어서 달았나? 고소를 당해서 기껏 상담 받으러 왔건만 엉뚱

하게 나를 심문이나 하고 있으니.

"그거야 그쪽에서 먼저 시비를 걸어서……."

"네가 먼저 건 게 아니고?"

"아닌데요?"

"다짜고짜 조선족이냐고 물은 건 바로 너잖아."

"그건, 꼭 시비를 걸려고 한 건 아니고 그냥 아무 생각 없이 단 거예요."

"남을 모욕하거나 명예를 훼손하는 댓글은 대개 그렇게 아무 생각 없이 달지."

"하지만 다른 댓글도 많았는데 나한테만 그러는 건 분명히 시비죠."

"왜 너한테만 그랬는지는 그 사람한테 물어보면 정확히 알 수 있겠지. 하지만 나라도 그랬을 거 같다."

"왜요?"

"넌 난데없이 조선족이냐고 묻는 것도 모자라 한국인의 목숨을 하찮게 아는 불법 체류자라고 딱지를 붙였잖아."

그런가? 그런데 그게 명예 훼손이라고?

"그래 봤자 짧은 댓글에 불과하잖아요."

"수많은 사람들이 보는 공개 게시판에 쓴 댓글이었지."

"조선족이나 불법 체류자라고 하는 게 명예 훼손인가요?"

"어떤 상황, 어떤 의도, 어떤 맥락에서 한 말인가가 중요하다. 넌 그 사람을 범죄자 취급하려고 했어."

"무슨 말씀이세요?"

"솔직히 말해 봐. 네가 순전히 궁금해서 그런 댓글을 단 건 아니잖아?"

갑자기 할 말이 없어졌다. 이 아저씨 말대로 난 그 사람이 조선족인지 아닌지 궁금했던 건 아니었다. 아니, 궁금하긴 했지만, 그게 그런 댓글을 단 주된 이유는 분명 아니었다.

"명예란 게 뭐라고 생각하니?"

"명예요?"

"그래, 명예."

"그거야, 자랑스러워할 만한 거, 아니면 뭔가 뛰어나고 위대한 거, 남이 우러러보는 그런 거……, 그런 자격, 뭐 이런 거 아닌가요?"

"대충 맞다만, 그건 국어사전에 실릴 만한 풀이고, 법에서 말하는 명예는 그거하고는 달라."

오, '법' 나왔다. 드디어 법대 출신의 본색이 드러나나 보다 싶었는데,

"선생님, 주스 한 병 더 드릴까요?"

하필 그 순간에 끼어드는 점순이. 모처럼 법 얘기 나오는데 너 때문에 흐름이 끊어져 버렸잖아, 주책머리 없는 계집애야.

"어 그래, 당근 주스 한 병만 줘."

선생님은 주스병을 받아 처음 마셨을 때처럼 벌컥벌컥 들이켰다. 그리고 역시나 아저씨 같은 감탄사.

"어어, 시원하다!"

그것도 부족해서 끄윽, 트림을 한바탕 하고서야 제자리로 돌아오는 영락없는 동네 아저씨, 우리의 미술 선생님.

"무슨 얘기 하다 말았지?"

"명예요. 법에서 말하는 명예가 다르다고……."

"맞아, 그래. 그, 형법에서 명예란 말이야……."

법대 출신 선생님이 처음으로 말을 더듬었다. 너무 오래전에 배워서 잘 생각이 안 나는 걸까?

"그러니까, 이런 거야, 말하자면……."

답답해라. 그건 점순이도 마찬가지였나 보다. 아니 어쩌면 안타까웠을까? 어쨌든 구경만 하던 점순이가 또 끼어들었다.

"그러니까 어떤 건데요, 선생님?"

미술 선생님은 자기도 답답했는지 괜히 헛기침을 한 번 하고 머리를 긁적거렸다.

"이를 테면 말이야, 우리가 보통 생각하는 명예라는 건 어떤 사람이 특별한 노력이나, 아니면, 자신만의 뛰어난 능력으로 얻는 거잖아. 그래서 다른 사람들이 칭송하고 부러워하는 것이고."

"그렇죠."

오 이 아저씨, 드디어 말문이 터지나 보다.

"그렇지? 가령 올림픽 우승이라든가, 시험에서 수석을 한다든가."

"그러네요."

"그런데 형법에서 말하는 명예는 그런 특정한 사람만 갖는 게 아니야."

"그럼요?"

"모두에게 당연히 있는 거지. 학문적으로 정의하자면, 사람의 인격적 가치에 대한 사회적 평가라고 할 수 있지."

헉, 또 외계 언어. 점순이와 나는 거의 동시에 말했다.

"네?"

"좀 어렵나?'

"아뇨. 많이 어려워요, 선생님. 아주 많~~이."

점순이가 호들갑을 떨었다. 하지만 동감하지 않을 도리가 없었다. 인격적 가치? 사회적 평가? 언뜻 들으면 알 것도 같았지만, 인격의 가치를 따지는데 그걸 사회가 한다는 건지 뭔지 도무지 짐작이 안됐다.

"인격적 가치란 건 뭔가요?"

"그건 말이지……."

또 곤란한가 보다. 이번에는 턱을, 마치 돼지털처럼 수염이 불쑥불쑥 솟아 있는 그 지저분한 턱을 문질러 댔다.

"그러니까, 어떤 사람의 능력이나 지위, 명성, 외모, 품성, 신분, 지식 같은 거, 말하자면 그 사람의 인격을 이루는 요소로, 이 사회에서 살아가면서 얻게 된 모든 것들이라고나 할까."

"네?"

"그리고 다른 사람들이, 저건 저 사람이 가진 가치이며 존중할 만한 특성이다, 이렇게 보통 생각하는 것이지."

"그게 '사회적 평가'의 뜻인가요?"

"그렇지."

흠흠. 그렇단 말이지. 그럼 스파이더맨 같은 놈에게도 크든 작든 명예란 게 있긴 하겠군. 형법상의 명예 말이다. 하지만 그게 뭐지?

"영심이 너를 고소했다는 사람 말이야, 스파르타쿠스라고 했나?"

헐, 이 아저씨 독심술 쓰나? 어떻게 내 머릿속을 그대로 들여다

보시나?

"아뇨, 스파이더맨요."

"아, 그 스파이더맨의 명예가 어떤 게 있을까 한번 생각해 볼까?"

"그딴 놈한테도 명예가 있기나 한가요?"

생각하니 새삼 화가 나서, 짐짓 모른 척하고 물었다.

"방금 말했잖아. 모든 사람에게 있는 거라고."

"모든 사람에게 있다고 해도 그놈한테는 절대 없을걸요?"

"그럴 리가."

미술 선생님이 풋 하고 웃었다. 내 오기가 같잖다는 표정으로.

"우선 말이야, 스파이더맨은 그 사이트에서 제법 이름이 알려진 회원이야. 다른 회원들에게 어떻게 알려졌는지는 몰라도 일단 남한테 욕설을 들을 만한 사람은 아닌 거 같네."

"무슨 말씀이세요? 그놈이 저한테 어떻게 했는지 말씀 드렸잖아요."

"그래 들었다만, 그놈이 너한테 특별히 몹쓸 짓을 한 거 같진 않은데?"

"저한테 시비 걸고 절 조롱했잖아요."

"시비는 네가 먼저 걸었고, 조롱은…… 아, 똥 싸러 갔냐고 한 거?"

점순이 계집애가 눈치 없이 킥킥거렸다. 아, 어쩌면 둘이 저렇게

장단이 잘 맞을까. 얄미워서 휙 고개를 돌리고 노려봤더니 웃음을
그치고 시치미를 뚝 뗀다.

"음, 그건 네 명예를 훼손한 것도 같긴 한데……."

"그런데요?"

"그 이전에 네가 먼저 불법 체류자 따위 어쩌고 하면서 모욕을
주었고, 정중한 물음에도 한참 동안 답을 안 했고."

"그건 그렇지만……."

"'그렇지만'이 아니고 넌 할 말이 없는 상황이야."

아, 정말 번지수 잘못 찾았구나. 일부러 도움을 구하러 시간 들여 돈 들여 왔는데, 설사 내가 잘못했더라도 내 편을 들어 줘야 하는 거 아니에요, 미술 학원 아저씨?

"다시 하던 얘기로 돌아가면, 또 스파이더맨이라는 사람은 선량한 이 나라의 시민일 수도 있어. 내가 보기엔 그럴 가능성이 큰데, 만약 그렇다면 넌 그 사람의 시민으로서의 명예도 훼손했다고 볼 수 있어. 많은 사람들이 보는 게시판에서 '한국인의 목숨을 하찮게 여기는 불법 체류자'라고 막말을 했으니까."

사실 거기에 대해선 할 말이 없다. 어쨌든 경솔한 발언이었고, 잘못한 게 틀림없으니까. 하지만 그때 상황에서 그 정도 말은 누구나 할 수 있었지 않은가 말이다.

"게다가 욕까지 했잖아. 그건 그 사람을 모욕하고 인격에 피해를 입힌 거야. 영락없는 명예 훼손이다. 빼도 박도 못해."

숨이 탁 막히는 것 같았다. 정말로 이제 감옥에 갈 수밖에 없는 것인가? 썩 미덥지는 않지만, 그래도 법대 나왔다는 사람이 빼도 박도 못하는 명예 훼손이라고 저렇게 장담하는데.

침착하자. 호랑이굴에 들어가도 정신만 차리면 된다고 안 하더냐.

"욕은 그놈이 하라고 해서 한 건데 그것도 죄가 되나요?"

"응?"

"영심아, 정말로 그랬어?"

미술 선생님과 점순이가 똑같이 눈이 똥그래졌다.

"그래. 내가 아무 말도 안 하니까 그놈이 욕이라도 해 보라고 약을 올렸어."

"그럼 어떻게 되는 거예요, 선생님?"

"흠, 그렇다면 욕설을 한 건 죄가 안 될지도 모르겠는데? 피해자가 승낙을 하면 범죄 피해를 입어도 처벌하지 않는다고 한 형법 조항이 있거든. 하지만 그렇다고 명예 훼손죄를 벗어난 건 아니지."

애고, 그놈의 명예 훼손죄 벗어나기 참 힘들다.

"명예 훼손 행위를 했어도 그게 공공의 이익을 지키기 위한 거라면 죄가 되지 않아. 그런데 영심이 네가 그러려고 그런 건 아니잖아?"

"그럼 선생님, 영심이는 꼼짝없이 고소당하고 감옥살이하는 거예요?"

망할 계집애 같으니라고. 어쩌면 꼭 얄미운 말만 골라 하는지. 그러고도 네가 단짝 친구냐?

"글쎄다. 명예 훼손죄는 피해자가 처벌하지 않겠다면 처벌할 수 없게 돼 있어. 어려운 말로 '반의사 불론죄'라 하지. 쉽게 풀어 말하면 피해자의 뜻에 거슬러서 가해자를 재판에 붙일 수 없다는 거야. 그래서……."

"그래서요, 선생님?"

"그 스파르타쿠슨지 스파이더맨인지가 고소를 안 한다면 모를까, 그렇지 않다면 영심이는 꼼짝없이 처벌을 받게 될걸?"

처벌이라. 그 말을 듣는 순간 나도 모르게 창밖을 내다보았다. 하늘을 검붉게 물들이며 어느덧 해가 저물고 있었다. 진작부터 형광등이 켜져 있긴 했지만, 왠지 원장실도 더 어두워진 것 같았다.

"어떤 처벌을 받는 건가요?"

눈치 없는 점순이의 거듭된 질문. 너 지금 상처 난 가슴에 왕소금 뿌리냐?

"아마 5년 이하의 징역이나 500만 원 이하의 벌금일걸? 아니, 10년 이하던가? 형법 몇 조더라……."

"제307조 2항이죠. '공연히 허위의 사실을 적시하여 사람의 명예를 훼손한 자는 5년 이하의 징역, 10년 이하의 자격 정지 또는 1천만원 이하의 벌금에 처한다.'"

점순이와 미술 선생님의 눈이 휘둥그레졌다.

"영심아, 네가 어떻게 그걸 줄줄이……."

"대단한데? 인터넷 검색해 봤니?"

하기야 두 사람은 아직 내가 스파이더맨한테 법조문이 적힌 쪽지를 받았다는 사실을 모른다. 밤새 그걸 77번쯤 소리 내어 읽어 봤다는 건 물론이고 말이다.

"네, 찾아봤어요. 무슨 말인지는 아직도 정확히 모르겠지만."

"무슨 말이긴. 많은 사람들이 보는 앞에서 명예를 훼손하면 죄가 되고 감옥살이나 벌금 같은 처벌을 받는다는 얘기지."

그걸 굳이 친절하게 설명해주는 게 더 밉고 짜증난다는 걸 이 아저씨는 모르는 건가? 그것도 모자라 묻지도 않은 걸 계속 떠들어 댄다.

"재미있는 건 말이야, 고대 로마의 법, 그러니까 로마법에서는 독설을 퍼부으며 남을 헐뜯고 다니는 사람에게 사형까지 선고할 수 있었어. 또 옛날 영국 법에서는 남을 모욕한 사람의 혀를 자르도록 했지."

점순이가 호들갑을 떨며 장단을 맞출 거라는 건 안 봐도 비디오였다.

"어머나, 정말이에요? 설마 지금은 안 그러겠죠?"

"그야 당연하지. 근대 시민 혁명으로 탄생한 근대법은 특히 기본적 인권을 강조하고 존중하니까."

"근대 시민 혁명이 뭐예요?"

"이를 테면 프랑스 혁명 같은 거지. 들어 봤지, 프랑스 혁명?"

"아, 그, 뮤지컬 〈레미제라블〉에 나오는 거 말씀이시죠? 얼마 전에 우리 반 아이들이 〈레미제라블〉 보기로 했다며 프랑스 혁명 어쩌고 하던데."

이번에도 역시 맞장구 커플이신 점순 님의 말씀.

"그래. 빅토르 위고의 소설이 원작이지. 소설 속의 사건은 1832년의 민중 봉기지만, 크게 보면 프랑스 혁명의 연속이라고 볼 수 있지. 하지만 보통은 1789년에 일어나서 1794년까지 진행된 혁명을 가리켜."

"네……."

"프랑스 혁명은 왕이 절대 권력을 휘두르는 정치 체제를 뒤엎고 지금과 같은 민주주의 정치의 토대를 닦은 대사건이야."

"아……."

"그런 혁명을 시민 혁명이라고 불러. 시민 계급이 주도를 했기 때문에 붙은 이름이지. 그리고 근대를 열었다고 해서 흔히 그 앞에 '근대'를 붙여. 같은 성격의 혁명으로 미국 독립 혁명, 영국의 청교도 혁명, 명예혁명 같은 게 있지."

두 사람이 신나게 떠드는 동안 나는 멍하니 맞은편 벽을 응시하고 있었다. 거기에는 많이 본 그림이 하나 걸려 있었는데, 자유의 여신이 시민군을 이끌고 있는 그림이었다. 화가가 누구더라? 들라인지 드라인지로 시작하는 이름이었는데? 설마 드라큘라는 아닐 테고.

그건 그렇고 지금 이게 뭐하는 거임? 고소 상담하러 왔는데 무슨 혁명이 어쩌고저쩌고…….

"저기 선생님, 전 어떡해야 하나요?"

"응? 뭘?"

"제가 고소당할 거 같은데……."

"아 고소……. 글쎄? 어째야 하나."

"경찰서에서 절 부를 거라는데, 가면 어떻게 되나요?"

"어떻게 되긴? 조사를 받겠지."

"조사요?"

"고소장에 쓰여 있는 내용이 사실인지 아닌지, 정말로 명예 훼손 혐의가 있는지 없는지 조사하겠지, 경찰관이."

"그다음은요?"

"그다음? 조사를 마친 다음 보고서를 검사한테 보내지 않을까? 뭐 그건 나도 자세히 모르겠다. 집에 가서 인터넷 검색올 해 봐. 인터넷에는 없는 게 없잖아."

"네?"

"나라고 모든 걸 알겠니? 곧 수업 시간이야. 난 그만 일어나야겠다."

"하지만……."

"미안, 담에 또 보자. 잘들 가거라."

이게 뭐람? 정작 필요한 얘기는 안 해 주고. 비싼 주스값만 날려 버린 건가?

"선생님, 고마워요. 내일 수업 시간에 뵐게요."

제기랄, 점순이 계집애만 희희낙락이로구나.

그런데 헤어지기 직전 점순이가 느닷없이 진지한 얼굴로 물었다.

"너 정말로 조선족을 싫어하니? 외국인 노동자들도?"

갑작스런 상황에 잠시 멍해져 있다가 그냥 짧게 대답하고 뒤돌아섰다.

"아니."

그렇게 점순이네 미술 학원 선생님과 면담을 마치고 집으로 향했다. 명문대 법대를 나왔다는 사람이 왜 미술 학원을 하는지 모르겠다는 생각도 잠시 했지만, 집으로 가는 길 내내 머릿속에 맴돈 건 이제 어쩔 수가 없다는 것이었다. 뭐 이제 새삼스럽지도 않지만.

그리고 문득 이런 생각도 들었다.

'내가 그놈의 명예 훼손을 했다고 치자. 하지만 그러면 왜 안 되는 건데? 형법에 죄라고, 그렇게 하면 처벌한다고 돼 있어서? 그렇다면 형법은 뭔데 그걸 강요하는 것임? 내가 그러건 말건 무슨 상관?'

형법, 더 나아가 법이란 것도 결국 사람이 만든 것일 터였다. 어느 때인가 어느 곳에선가, 그리고 무슨 이유 혹은 목적이 있어서 만들어졌을 것이고 말이다. 마구, 마구 궁금해지기 시작했다. 도대체 법이란 무엇일까.

7. 법은 누군가가 만든 것이다

오늘도 스파이더맨은 전혀 글을 올리지 않았다. 쪽지함을 열어 봤지만 거기에도 새로운 상황은 없었다. 조금 민망했다. 방에 들어오자마자 허겁지겁 컴퓨터를 켜고 디브이디 인사이드를 열고 떨리는 손으로 로그인까지 했건만.

그냥 나갈 수는 없어서 어제 받은 쪽지들을 하나하나 다시 읽어 보았다.

그놈이 언급한 법은 세 개였다. 헌법, 형법, 형사 소송법. 형사 소송법 제223조의 '범죄로 인한 피해자는 고소할 수 있다'와 형법 제307조 2항의 '공연히 허위의 사실을' 어쩌고저쩌고 한 내용을 적어 보낸 건 고소가 뭔지나 알라고 약을 올린 것 같다. 그런데 헌법 조항은 왜?

헌법 제10조와 제11조 1항이라는 내용을 소리 내어 읽어 봤다.

"모든 국민은 인간으로서의 존엄과 가치를 가지며, 행복을 추구할 권리를 가진다. 국가는 개인이 가지는 불가침의 기본적 인권을 확인하고 이를 보장할 의무를 진다.”

이게 제10조고, 제11조 1항은,

“모든 국민은 법 앞에 평등하다. 누구든지 성별·종교 또는 사회적 신분에 의하여 정치적·경제적·사회적·문화적 생활의 모든 영역에 있어서 차별을 받지 아니한다.”

둘 다 뜬구름 잡는 얘기다. 저런 당연하고 뻔한 얘기를 왜 굳이 법에서 하고 있담? 모든 국민이 평등하다는 거 모르는 사람 있나?

‘참 한가한 법일세.’

물론 안다. 헌법이라는 게 본래 그런 법이라는 것 정도는.

백과사전을 열고 보면 ‘국가의 통치 조직과 통치 작용의 기본 원리 및 국민의 기본권을 보장하는 근본 규범’이라고 되어 있다. 말하자면 헌법은 국가의 틀을 정하고 국가가 보장해야 하는 국민의 기본권을 밝혀 놓은 법이다. 그러니 ‘근본적’일 수밖에 없고 피부에 와닿지 않는 얘기나 늘어놓을 수밖에 없을 것이다.

그렇다고 해도 웃기긴 웃긴다. 가장 중요하고 법들의 법이라는 헌법에 저렇게 상식이다 못해 하나마나한 소리가 소분으로 적혀 있다니. 더 어이없는 건 스파이더맨이 그걸 굳이 나한테 적어 보냈다는 거.

생각난 김에 다시 백과사전에서 형법 항목을 찾아보았다.

형법 刑法 Criminal Law
요약: 무엇이 범죄이고, 그것에 어떠한 형벌을 과할 것인가를 규정한 법률.

그렇군. 대충 알고 있는 내용이지만 개념이 또렷하고 확실하게 다가오는 느낌이랄까. 구구절절이 적힌 복잡한 내용은 읽어 볼 엄두가 안 났다. 끙끙대며 서너 줄 보다가 그나마 알고 있는 것까지 잊어버릴까 봐 포기해 버렸다.
참고 항목에는 형사 소송법이 링크되어 있었다.

형사 소송법 刑事 訴訟法 Criminal Procedure Law
요약: 형사 절차에 관한 법.

흠. 이건 말이 좀 어렵다. 우선 형사라는 말부터. 설마 〈CSI 과학 수사대〉 같은 데 나오는 형사를 말하는 건 아니겠지? 국어사전을 열어 보니 이렇다.

형사 刑事

1. 형법의 적용을 받는 사건.

2. 범죄의 수사 및 범인의 체포를 직무로 하는 사복私服 경찰관을 통틀어
이르는 말.

헐. 그 형사를 가리키기도 하네! 하지만 어쨌든 여기서는 1번의
뜻임에 틀림없다. '소송'이 재판을 거는 것이니, 대충 형법에 정
해진 범죄로 벌어지는 재판의 절차를 정한 법이라고 보면 되나?

형사 소송법 제223조는 범죄를 당한 사람이 범죄를 저지른 사람
을 고소해서 처벌할 수 있다는 말인 듯하다. 스파이더맨이 그 내용
을 쪽지로 보낸 건 자기한테 고소할 법적인 권리가 있다는 걸 보
여 주려는 것이고 말이다.

헌법 조항을 인용한 건, 음, 아마도 자기를 조선족이라고 불러
서? 내가 조선족을 범죄자 취급하고 욕해서?

'하지만 조선족은 대한민국 국민이 아니잖아?'

아니면 이런 뜻인지도 모르겠다. 자기는 인간으로서 존엄하고
법 앞에 평등한 대한민국 국민인데 내가 그런 자신의 명예나 권
리를 무시했다, 뭐 그런.

이렇거나 저렇거나 어쨌든 재수 없는 놈이다. 고소를 하면 그만
이지 꼴에 잘난 척하며 상대를 가르치려 드는 건 뭐란 말인가. 최

대한 약을 올리는 건가?

그런데 왜 경찰서에서 연락은 안 오는 거지? 고소했다면서, 며칠 내로 경찰서에서 부를 거라면서? 혹시 큰소리만 치고 실제로 고소하지는 않은 거 아냐? 거 참.

지이이잉. 왠지 점순이 문자일 것 같다. 학원에서의 만남을 조잘거리고 싶겠지. 일부러 딴짓을 하다 핸드폰이 한 번 더 몸을 떤 뒤에 들여다보았다. 역시.

"우리 오빠 어떠니? 멋있지?"

정말 어이가 없어서. 점순이의 매력은 아무래도 백치미인 것 같다. 머릿속을 열어 보면 백설 공주의 살갗처럼 새하얗지 않을까? 뇌는 주름도 하나 없이 팽팽하기만 하고.

"그래. 멋있더라. 근데 난 그런 아저씨는 싫어."

그 순수하기 짝이 없는 마음에 상처 날까 봐 최대한 성질을 죽여서 답을 보냈다. 그랬더니 역시나 정신 못 차리는 우리의 백설 두뇌 공주.

"ㅋㅋㅋ 나만 좋으면 되지."

이 정도면 구제 불능이다. 애초에 이런 애한테 도움을 기대한 내가 잘못이었다. 문자를 '씹고' 밥이나 먹으러 가려 하는데 점순이가 다시 문자를 보냈다.

"근데 너 고소장 받았니?"

할 수 없이 답 문자를 보냈다.

"고소장은 내가 받는 게 아니라고 했잖아, 바보야. 나한테 오는 건 출석 요구서."

"그래 암튼, 뭐, 그런 거 받았냐고요."

"아직. 곧 오겠지 뭐. 나 밥 먹으러 간다."

"그렇구나. 저녁 맛있게 먹어라."

"ㅇㅇ."

애고 귀찮아. 핸드폰을 침대에 휙 던지고 부엌으로 가는데, 이번엔 집 전화가 울렸다. 엄마였다.

"영심아, 저녁 먹었니?"

"아니."

"얘는 지금 몇 신데 아직도 안 먹어? 8시가 넘었잖아."

"그래서 지금 먹으려고."

"냉장고 열어 보면 아침에 끓여 놓은 콩나물국 있어. 그거 데워 먹고, 낙지볶음 남은 것도 다 먹어라. 아빠는 저녁 먹고 늦게 들어온대."

"알았어."

전화를 끊고 라면을 꺼냈다. 뭘 꺼내서 데우고 차리고 하는 게

다 귀찮았다. 대충 먹고 법 공부나 더 해 볼까 싶기도 했고 말이다.

양은 냄비에 물을 담아 불에 올려놓고 가만 생각하니 좀 이상했다.

'엄마가 요새 왜 이리 친절하지?'

사실 우리 엄마는 그럴 분이 아니다. 도대체 무슨 짓을 했느냐며 하루 종일 붙잡고 잔소리를 하거나, 당장 경찰서에 끌고 가 반성문 쓰고 빌게 만들 분이시지. 그런데 대체 왜 그러지? 평소에는 딸내미가 저녁을 먹건 말건 전화 같은 건 하지도 않는데?

물이 끓었다. 냄비 뚜껑을 열고, 라면 봉지를 찢어 라면과 스프를 넣는 참에 다시 집 전화가 울렸다. 또 엄마였다.

"경찰서에서는 아직 연락 없니?"

"응."

"그래? 이상하네. 지금쯤 와야 하는데……."

"엄마, 지금 그거 기다리는 거야? 내가 빨리 고소당했으면 좋겠어?"

"하하하. 설마 그렇기야 하겠니. 그냥 궁금하니까 그렇지."

세상에 걱정이 돼서도 아니고 그냥 궁금해서란다. 목소리 들으니 소환장 오면 동네방네 다니며 덩실덩실 춤이라도 출 것 같네. 진짜 나를 낳은 엄마가 맞긴 맞는 거야?

"나 밥 먹어야 돼. 끊어."

그래도 라면은 맛있다. 신 김치를 곁들여서 면과 달걀과 국물을 정신없이 '흡입'했다. 고소 따위 생각도 안 날 정도로.

식탁도 안 닦은 채 냄비만 대충 개수대에 담아 놓고 다시 컴퓨터 앞으로 왔다. 마우스를 건드리자 화면 보호기가 꺼지고 드러난 건 그놈의 쪽지였다.

스파이더맨 님의 쪽지:

내가 누구게요?
나는 님이 누군지 알 것 같은데. 호호호.

헉. 이놈이 미쳤나? 갑자기 말투가 왜 이래? 게다가 내가 누군지 안다고? 이 아저씨가 어디서 약을 팔아. 인터넷에서 글로만 만나는데, 그리고 내 신상을 한 번도 밝힌 적이 없는데 네가 날 알 리가 1그램도 없잖아.

그럼에도 만에 하나 정말로 나를 아는 사람일지도 모른다는 생각이 들긴 해서, 잠시 망설이다가 처음으로 답장을 썼다.

　생각 같아선 반말에 쌍욕을 한 바가지 섞고 싶었지만 꾹 참았다. 안 그래도 고소당할 판국에 또다시 명예 훼손의 빌미를 줄 필요는 없었기 때문이다.

　그건 그렇고, 도대체 뭐 하는 놈일까? 갑자기 돌변해서 저딴 말투로 '농담 따먹기'를 하는 건 또 뭐고? 참으로 알 수 없는 놈이다.

　근데 가만, '놈'인 건 맞아? 왜 웃음소리가 '호호호'? 혹시 나처럼 여자이면서 남자 행세를 하는 거 아냐? 나이는? 지금까지는 당연히 최소한 스무 살은 넘은 어른이라고 생각했는데, 현실은 나처럼 십대일 가능성이 없다고도 못 할 것 같다. 만약 그렇다면, 그러니까 스파이더맨도 나처럼 십대의 여학생이라면, 우린 지금 서로 남자 어른인 척 속이면서 싸우고 있는 거네?

　'아냐, 그럴 리가 없어.'

　사실 그렇게 생각하기에는 무리가 많았다. 당장 그동안 그놈이 내뱉은 말만 봐라. 그게 어디 십대가 할 만한 말이냐. 인권이니 인종 차별이니 떠들어 대는 것도 그렇고, 헌법과 형법의 조문을 들먹이는 것을 봐도 그렇고, 도저히 그 나이 대 사람이라고 할 수가 없었다. 적어도 내 상식으로는.

'그럴 리가 없지. 아무리 그래도 로스쿨에 다니거나, 준비하는 사람쯤은 되겠지.'

어쩌면 진짜로 조선족일지도 모르겠다.

'조선족이 어디 나 조선족이오, 이러는 거 봤냐고.'

하는 짓으로 보아 심증은 분명한데 다만 물증이 없을 뿐이다. 그리고 설령 조선족이 아니면 또 어떤가. 조선족 불법 체류자가 할 법한 소리만 하는데. 명예 훼손? 놀고 있다. 난 그런 놈 명예 존중해 줄 생각은 털끝만치도 없다. 단지 고소와 처벌이 두려울 뿐.

화면에 쪽지가 떴다. 그놈이다.

스파이더맨 님의 쪽지:

〈인간과 시민의 권리 선언〉

제1조. 인간은 자유롭게, 그리고 권리에서 평등하게 태어나 존재한다. 사회적 차별은 공공 이익을 근거로 해서만 있을 수 있다.

제11조. 사상과 의견의 자유로운 소통은 인간의 가장 귀중한 권리의 하나이다. 따라서 모든 시민은 자유롭게 말하고 쓰고 출판할 수 있다. 다만 법에 규정된 경우에 이 자유의 남용에 대해서는 책임을 져야 한다.

〈인간과 시민의 권리 선언〉? 이건 또 뭔데? 인간이면 인간이고 시민이면 시민이지 인간과 시민? 권리 선언? 뭘 어쩌라고? 그리고 왜 내 물음은 무시하고 다시 자기 마음대로 진지 모드인 거야?

어이가 안드로메다로 출발하려는 순간 또다시 뜨는 그놈의 쪽지. 이번에는 〈세계 인권 선언〉이다.

스파이더맨 님의 쪽지:

〈세계 인권 선언〉
제1조. 모든 사람은 자유로운 존재로 태어났고, 똑같은 존엄과 권리를 가진다. 사람은 이성과 양심을 타고났으므로, 서로를 형제애의 정신으로 대해야 한다.

제2조. 모든 사람은 인종, 피부색, 성, 언어, 종교, 정치적 견해 또는 그 밖의 견해 또는 사회적 신분, 재산의 많고 적음, 출생 또는 그 밖의 지위에 따른 그 어떤 종류의 차별도 없이, 이 선언에 나와 있는 모든 권리와 모든 자유를 누릴 자격이 있다.

이 인간이 오늘은 선언문 공격일세? 내용으로 보아 왜 보냈는지는 짐작이 된다. 조선족과 외국인 불법 체류 노동자들을 옹호하는 자신의 입장을 변명하려는 것이다. 하지만 어제 받은 헌법 조문과 마찬가지로 뻔하고 듣기만 좋은, 그래서 꼭 공자님 말씀처럼 지루한 그 말들은 내게 아무런 감흥도 일으키지 못했다.

다만 궁금한 게 하나 있었다. 도대체 저런 '선언'을 누가, 언제, 어디서, 왜 했을까 하는 것이었다. 그래서 다시 백과사전을 열었다.

인간과 시민의 권리 선언

프랑스 혁명 때인 1789년 8월 26일 제헌 국민 의회가 인간의 자유와 평등, 저항권, 주권 재민 등 인간으로서 누려야 할 권리를 공포한 선언.

오호라. 바로 프랑스 혁명 때 나온 선언이네. 1789년이면 발표된 지 200년도 넘었네? 선언문을 작성해 발표한 건 제헌 국민 의회라는 곳이로군.

"제헌'이란 헌법을 제정한다는 말이고, 국민 의회는, 무슨 국회 같은 건가?'

그렇다면 프랑스 혁명 때 헌법을 제정하는 국회에서 만들어 발표한 선언문인가 보다. 하지만 거기에서 왜 그런 선언문을 발표했을까? 백과사전의 설명을 더 읽어 봤다.

이 선언의 근본 사상은 근세의 자연법사상과 계몽사상을 통해 자라난 인간 해방의 이념으로서, 인간의 자연적 권리(자유, 소유권, 안전 및 압제에 대한 저항)의 존재를 전제로 하고, 이를 보전하기 위하여 정치적 결합, 즉 국가의 형성을 인정하며, 국가 형성의 기본 원칙으로서 시민적 권리들(주권 재민, 권력 분립, 법률 제정권 등)을 보장하는 내용으로 구성되었다. 이 인권 선언은 1891년의 프랑스 헌법을 비롯하여 이후 세계 여러 나라의 헌법 및 정치에 큰 영향을 미쳤다.

어렵다. 자연법사상은 뭐고 계몽사상은 또 뭐란 말인가. 게다가 그게 인간 해방의 이념? 확실히 알아듣겠는 건, 이 선언이 프랑스를 비롯해 세계 여러 나라의 헌법과 정치에 큰 영향을 미쳤다는 부분이었다.

'그렇다면 한국 헌법도 큰 영향을 받은 건가?'

왠지 그럴 것 같긴 했다. 하지만 백과사전 내용만으로는 알 수가 없었다. 그건 선언문을 만든 까닭도 마찬가지였다. 혁명이라니까 아마도 나라를 뒤집어엎은 뒤 새로 정부를 세우고 새로운 나라를 만드는 과정 중 하나가 아니었을까 짐작할 뿐이었다.

'혁명 전에는 저런 당연한 권리가 보장이 안 됐다는 말인가?'

그러고 보니 세계사 수업 때 들은 적이 있는 것도 같다. 교과서에도 자세히 나왔던가? 가만, 언젠가 시험 문제로도 나왔던 거 같은데? 헐. 그런데 왜 이리 낯설담? 하긴 수업 시간에 딴생각만 하다 꾸벅꾸벅 조는 일이 비일비재니.

〈세계 인권 선언〉은 1948년 12월에 열린 제3차 국제 연합 총회에서 채택된 선언이란다.

제2차 세계 대전 전야의 인권 무시, 인권의 존중과 평화 확보 사이의 깊은 관계를 고려하여 기본적 인권 존중을 그 중요한 원칙으로 하는 국제 연합 헌장의 취지에 따라 보호해야 할 인권을 구체적으로 규정할 것을 목적으로 하여 채택되었다.

뭐 이렇다는데, 제2차 세계 대전이란 큰 전쟁을 치르고 나서 인권 존중의 필요성이 생겨 국제 연합, 그러니까 유엔에서 만들어 발표한 듯? 사실 그렇게 엄청난 전쟁, 그래서 이름도 무려 '세계 대전'인 전쟁이 일어났는데 인권 침해 같은 문제가 없었다면 이상할 거다. 나치 독일의 유대인 학살만 봐도 말이다.

'그때 목숨을 잃은 유대인이 600만 명이라고 했지, 아마? 짐승 같은 놈들, 어떻게 사람을 그렇게 파리, 모기 잡듯이……'

링크된 항목이 많았다. 가령 '인권' '기본적 인권' '제2차 세계 대전' '국제 연합' 등등. 하지만 그다지 클릭하고 싶은 마음은 없었다. 생각해 봐라. 당장이라도 경찰서에 끌려가 조사받을 판국에 한가하게 그런 거나 보고 있겠는가.

굳이 애써서 알고 싶은 게 있다면 그건 법이 무엇인가 하는 거다. 도대체 무엇이기에 나 같은 선량한 시민을 범죄자로 만들어 얼굴도 이름도 모르는 불한당 같은 놈한테 고소를 당하게 하느냐 말이다.

스파이더맨의 쪽지는 더 이상 오지 않았다. 어느덧 11시가 다 되어 나도 모르게 꾸벅꾸벅 졸고 있을 때 현관 벨이 울렸다. 아빠와 엄마였다.

"여태 안 자고 뭐 하니?"

"뭐 하긴, 엄마 아빠 기다렸지."

"응? 그래?"

엄마는 픽 웃고 아빠는 허허 웃었다. 도저히 믿기지 않는다는 듯이. 사실 그럴 만도 했다. 엄마 아빠가 늦건 말건 내가 이 시간까지 깨어 있는 적은 거의 없었으니까.

"왜들 이렇게 늦은 거야?"

"응, 아빠 기다렸다가 같이 오느라고."

"아빠는 왜 늦은 건데?"

"나?"

어느새 아빠는 텔레비전 앞에 자리 잡고 있었다. 오자마자 축구부터 볼 모양이다. 아마 그러다가 새벽 한 시나 돼서 자러 들어가겠지. 에휴.

"나는 경찰서 좀 다녀오느라고."

헉, 경찰서? 오랜만에 또 가슴이 덜컥 내려앉았다.

"거, 거긴 뭐 하러……."

"아, 누가 고소할 일이 생겨서 좀 도와주느라고. 너도 알다시피 아빠가 고소 전문가잖아. 하하."

아 그러세요? 그럼 아빠 딸부터 좀 도와줘야 하는 거 아녜요? 참 나.

"근데 영심아, 오늘도 경찰서에서 연락 안 왔니?"

"아빠!"

"응? 왜?"

"경찰에서 연락 안 와서 초조해?"

"허허, 그럴 리가."

"아까는 엄마가 묻더니 두 분 정말 왜 그러세요?"

어느새 다가온 엄마가 아빠 어깨를 손으로 툭 치고는 말했다.

"영심아, 그건 오해야. 설마 우리가 그걸 기다리겠니. 다만 우리는……."

"언제 감옥 갈지 모르는 딸한테 어떻게 그럴 수가 있어? 도와줄 생각은 안 하고!"

"그게 아니라니까, 얘가……."

엄마는 계속 변명하고 아빠는 그 와중에도 축구 중계를 보고 있었다. 이것이 하나밖에 없는 딸이 고소를 당해 경찰에 끌려갈 위기에 처한 부모의 모습이란 말인가. 화도 나고 슬프기도 했다. 심지어 나도 모르게 웃음이 터져 나올 뻔했다.

"우리도 걱정하고 있어. 다만 아직 경찰에서 연락이 안 오고 있으니 잠깐 지켜보고 있는 거지."

아, 그러시구나. 잠깐 지켜보고 계시구나. 그래서 아빠는 축구 중계에 정신을 쏙 빼놓고 있고, 엄마는 눈이 빠지게 경찰의 출석 요구서를 기다리시는구나.

아무 대꾸도 하고 싶지 않았다. 엄마를 노려보다가 그냥 휙 돌아서서 내 방으로 들어와 버렸다. 이미 잘 시간이라 침대에 누웠지만 좀처럼 잠을 이룰 수 없었다. 엄마, 아빠를 잊고 분을 가라앉히려 애써 다른 생각을 했다. 가령 법은 도대체 무엇일까, 이런 거.

'법은…… 법이란 건…… 국회에서 만드는 건데…… 하지만 국회에서는 왜 그런 걸 자기들 마음대로……'

생각해보니 참 요상하기는 하다. 국회는 국회의원들이 모여 있는 곳이니 결국 국회의원들이 법을 제정하는 셈인데, 도대체 그들에게 그런 권리를 준 건 누구란 말인가. 국민? 국민은 그저 정해진 날에 정해진 곳에서 투표나 할 뿐인데? 이미 만들어진 법에 따라, 정부에서 알려주는 대로. 그렇게 선거로 뽑힌 사람들이 법을 만들고 그걸 또 모든 국민이 따라야 한다는 것도, 그 이전에 존재하는 법, 예컨대 헌법 같은 법에 미리 정해져 있는 것이고.

'그럼 그 헌법을 만든 사람은 누구?'

그렇다. 법은 본래 있는 것이 아니고 언제인가 사람들이 만든 것이고, 그들에게 그럴 수 있는 권력 또는 자격을 주는 법이 또 누군가에 의해 먼저 만들어져 있었던 것이다.

형법이나 형사 소송법 같은 법도 마찬가지. 그러니 그 법에 나와 있는 명예 훼손죄니 고소 절차니 하는 것도 헌법 따위에 정해진 방식에 따라 누군가가, 어디에선가 만든 것이다! 그렇다면 문제는 결국 헌법인가?

정확히 무슨 생각까지 하다 잠들었는지는 알 수가 없다. 하지만 꽤나 늦게 잠이 든 것만은 분명하다. 덕분에 다음 날 학교 갈 시간에 맞춰 일어나느라 죽는 줄 알았다. 아침밥도 먹는 둥 마는 둥 하고 헐레벌떡 등교해서는 수업 시간 내내 졸았다. 하기야 내가 일찍 잤다고 안 졸았겠냐마는. 마지막 수업이 끝났음을 알리는 벨소리는 그야말로 '희망의 속삭임' 같았다.

거룩한 천사의 음성 내 귀를 두드리네.
부드럽게 속삭이는 앞날의 그 언약을.
어두운 밤 지나가고 폭풍우 개면은
동녘엔 광명의 햇빛 눈부시게 비치네.

속삭이는 앞날의 보금자리
즐거움이 눈앞에 어린다.

작곡가가 아마 앨리스 호손이었지? 초등학교 때 학교 합창 대회에서 이 노래를 불렀는데……. 아, 피아노 반주에 맞춰 함께 화음을 넣던 아이들은 지금 다들 어디서 무얼 하고 있는지.

수업이 끝나고 곧바로 집으로 가는 애는 필시 나밖에 없을 것이다. 다들 이런저런 학원으로 직행하니까. 하지만 나는 학원을 단한 군데도 다니지 않는다. 이유는? 엄마 아빠가 가지 말라고 해서다. 자기들 어렸을 때는 그런 데 안 가고도 공부만 잘했대나 어쨌대나. 그러면서 또 하는 얘기가 내 나이 때는 교과서 가지고 하는 공부 말고도 할 게 많단다.

나는 그게 뭔지 잘 모르겠다. 엄마 아빠가 딱히 말해준 적도 없고 말이다. 다만 나로서는 즐거울지언정 딱히 싫지는 않다. 고등학교에서나 배울 것들을 지금 당겨서 배우는 무지막지한 '선행 학습' 따위에 시달리지 않는다는 것만으로도 사실 얼마나 행복한가.

아무래도 나는 노는 게 적성에 맞지 싶다. 잠 푹 자고, 먹고 싶은 거 실컷 먹고, 가고 싶은 데 가고, 보고 싶은 책이나 음악, 영화 같은 거 읽고 듣고 볼 때가 가장 행복하다. 다른 아이들하고 어울리지 못하는 건 아마도 그래서일 거다.

아이들은 한편으로 나를 부러워하면서 또 한편으로는 한심하게 여긴다. 부러운 건 자기네와 달리 공부에 시달리지 않고 자유롭게, 그리고 여유롭게 하루하루를 보낼 수 있어서일 테고, 한심하다고 생각하는 건 물론 공부를 안 한다고 해서이다.

사실 그럴 만도 한 게, 걔네들의 유일한 삶의 목표이자 보람은 시험 성적을 잘 받아 등수를 높이는 것이다. 그건 그들의 부모님의 목표이자 보람이기도 하다. 그래서 설사 그 아이들이 나와 어울리고 싶어 한다고 해도 걔들 엄마 아빠가 야단치고 뜯어말릴 거라는 생각이 들기도 한다.

아무튼, 덕분에 나는 혼자 집으로 가고 있었다. 점순이나 불러내야겠다, 생각하면서. 그때였다. 익숙한 목소리가 등 뒤에서 콧노래를 흥얼거리며 다가왔다.

Do you hear the people sing ~♬? 오늘도 혼자 집에 가니 ~♬?

수학 선생님이자 1학년 때 담임이었던 '살모사'였다.

8. 살모사

"어떻게 지내? 요즘도 공부는 안 하고 영화만 보러 다녀?"

살모사가 내 어깨에 턱 손을 얹으며 물었다. 환하게 웃는 얼굴이 오늘 따라 왠지 더 살모사 같다는 느낌이 들었다.

"네."

나는 갑자기 기분이 좋아져서 거의 킥킥거리며 대답했다.

"그런데, 무슨 노래를 그리 신나게 부르신 거예요?"

"흐흐. 내가 그랬었나욧? 〈레미제라블〉 주제가야. 영심이도 봤겠다, 그지?"

하하하. 이 아저씨 말투는 언제 들어도 재미있다니까.

"맞다. 어쩐지 들어본 것 같더라."

"며칠 전에 영화 감상회 아이들과 〈브이 포 벤데타〉와 〈레미제라블〉을 봤는데, 이 노래가 머릿 속에서 떠나지 않네."

〈브이 포 벤데타〉와 〈레미제라블〉이라……. 독재 정부와 맞서 싸우는 미래의 혁명과 과거의 혁명 영화네. 이 선생님, 공부가 최우선인 학생들을 어떻게 물들이려고! 아니지. 어쩌면 이 선생님이 답을 주실지 몰라.

어느덧 우리는 교문을 나와 함께 걸어가고 있었다. 아마도 500미터쯤 떨어진 버스 정류장까지는 동행할 거 같았다. 생각난 김에 한번 물어봤다.

"선생님 그럼, 프랑스 혁명에 대해서도 잘 아시겠네요?"

"아니, 나도 잘 몰라. 영화 보고 나서 이런저런 책을 좀 뒤져보긴 했다만."

"그럼 〈인간과 시민의 권리 선언〉도 아시겠네요?"

"당연히 그 정도는 알지. 근데 그건 왜?"

오, 역시 기대를 저버리지 않는 살모사 선생님.

"제가 얼마 전에 고, 아니 저기, 인터넷에서 대화를 하다가 갑자기 그 얘기가 나와서요."

"오, 혹시 〈레미제라블〉 얘기하다 그랬니?"

"아, 네…… 맞아요."

자칫 고소당했다는 얘길 할 뻔했다. 도움이 절실하게 필요한 상황이지만, 그렇다고 가끔 지나치며 인사나 하는 분한테까지 그럴 필요는 없을 것이다. 그리고 무엇보다, 왠지 좀 부끄러웠다.

"근데 뭐 궁금한 거라도 있니?"

"그 선언이 우리나라 헌법에도 영향을 끼친 건가요? 백과사전을 찾아보니 프랑스뿐만 아니라 세계 여러 나라의 헌법이 큰 영향을 받았다던데."

"당연하지!"

살모사 선생님은 그걸 말이라고 하느냐는 듯한 표정을 지었다.

"세계사 교과서에서 프랑스 혁명을 왜 그렇게 중요하게 다루는지 아니? 바로 그게 인류 문명을 크게 진보시킨 사건이기 때문이야. 단지 프랑스라는 한 나라 안에서만 의미가 있는 게 아니라는 거지, 그지?"

옛날에 누가 수업 시간에 '그지'를 몇 번이나 하나 세어 봤더니 50번이 넘었다던가. 아무튼 '그지'를 참 좋아하는 선생님이다.

"그 정도인가요?"

"생각해 봐. 그 혁명 이전에는 무지막지한 권력을 가진 왕과 귀족들, 교회가 나라 전체를 차지하고 인민들을 지배했어. 그런데 혁명이 일어난 뒤 왕을 비롯한 지배 계급은 권력을 빼앗기고 쫓겨났지. 심지어 왕이었던 루이 16세는 단두대에서 처형까지 당했잖아, 그지?"

걸음까지 멈추고 열변을 토하는 선생님의 얼굴은 사뭇 진지해서, 마치 진짜 살모사를 보는 듯했다. 게다가 얼마나 흥분했는지 침까지 마구 튀겼는데, 심지어 침방울이 내 얼굴로 튀기도 해서, 손가락으로 닦으며 이야기를 들어야 했다.

"얼마나 놀랍고 엄청난 사건이니. 왕에게 무조건 복종만 하던 인민들이 들고 일어나 전혀 새로운 나라를 만들었으니."

과연 그렇긴 하다. 백성들이 왕을 처형하고 새 나라를 만들었다니. 다만 나는 사소한 게 마음에 걸려 편히 집중이 안 됐다.

"근데요 선생님, 자꾸 인민, 인민 하니까 어쩐지 섬뜩해요. 인민 재판, 인민군 이런 것도 생각나고요."

"어? 그래?"

다시 하하하 웃는 독사 아저씨.

"그거 별거 아냐. 본래 옛날부터 쓰던 말이고. 영어로 치면 피플 People인데, 그걸 국민이라고 번역하는 것보다는 인민이 더 어울리거든. 지배 계급이 아닌 사람들, 그러니까 어떤 사회에서 지배받고 억압받는 사람들을 가리키는 말쯤으로 생각하면 돼. 특별히 이상할 건 없지, 그지?"

오, 그렇게 깊은 뜻이. 그렇다면 딱히 낯설거나 무서워할 말은 아니네.

"아무튼 그래서, 인민들이 왕을 비롯한 지배 계급을 쫓아내고 앙

시앙 레짐, 즉 낡은 옛 정치 체제를 무너뜨리고 새로운 정치 체제를 만들려고 했는데……"

"그 새로운 정치 체제란 건 뭔가요?"

"그 이전과 다른 정치 체제지. 독재자 왕이 멋대로 다스리는 게 아니라 왕이 아닌 인민 또는 국민의 대표들이 만든 법에 따라 이루어지는 정치 제도. 다시 말하면 인민이나 국민이 나라의 주인 노릇을 해야 한다고 여기는 정치 제도지."

"그게 바로 민주주의 아닌가요?"

"그래, 맞아. 결국 그게 근대 시민 민주주의이고, 현대 민주주의의 바탕이야."

세상에, 모르시는 게 없네! 이분이 수학 선생님이야 사회 선생님이야? 이렇게 유식한 살모사가 또 있을까?

"프랑스 혁명이 프랑스 한 나라 안의 사건이 아니라는 건 바로 그 때문인가요?"

"그렇지!"

살모사 아저씨는 신이 난 듯 내 머리를 쓰다듬었다.

"중세 봉건제의 잔재를 갈아엎고 자본 주의와 근대 시민 민주주의를 정착시킨 게 바로 시민 혁명이야. 영국에서 시작되어서 미국 독립 혁명을 거쳐 프랑스 혁명에서 절정을 이루었지."

"아, 그 시민 혁명……."

그 지저분한 미술 선생님한테 들은 말이 그래도 이렇게 도움이 되기도 하는구나. 그런 의미에서 일단 점순이한테 감사.

"오늘날 우리가 당연하게 여기는 국민 주권 같은 원칙이 법으로 정해진 것도 바로 시민 혁명 덕분이겠지, 그지?"

"국민 주권요?"

"정확히는 인민 주권일 텐데, 아무튼 나라의 주권은 인민 혹은 국민에게 있다는 생각을 말해. 주권이라는 건 쉽게 말하면 주인으로서의 권리?"

놀랍다. 그런 당연한 생각이 법조문으로 만들어진 게 겨우 200년 전이라고?

"국민 주권뿐만이 아니야."

"그거 말고 또 있나요?"

"인간은 태어날 때부터 기본적 인권을 갖는다는 생각, 3권 분립, 인민의 자유·평등의 권리, 정치와 종교의 분리, 사상의 자유, 계약 자유의 원칙, 죄형 법정주의, 사유 재산의 절대성 같은 근대 사회의 기본 가치들이 여러 가지 법으로 표현된 것도 바로 시민 혁명 이후라고."

"아, 네……."

윽, 이제 좀 정신없어지는구나. 마치 세계사 수업을 듣는 기분이니.

"프랑스 국민 의회, 정확히 말하면 제헌 국민 의회가 혁명 기간 중에 채택한 〈인간과 시민의 권리 선언〉은 바로 그런 내용을 프랑스와 세계에 '선언'한 거야. 그리고 그게 몇 년이더라, 아마 1791년쯤일 텐데, 그때 제정된 헌법에 그대로 반영되어 있어."

"네."

나는 딱히 할 말이 없었다. 그저 듣고 있다는 시늉만 할 뿐.

"생각해 봐, 그게 얼마나 위대한 일인지. 역사상 거의 처음으로 모든 인간은 자유롭고 평등하고 존엄한 존재라는 걸 나라가, 정부가 정식으로 인정하고 보장해 준 거거든. 그 간단한 얘기, 몇 줄 안 되는 글귀를 법전에 써 넣으려고 얼마나 많은 사람들이 피를 흘렸겠니."

정말 그런 것 같기는 했다. 인터넷에서 이렇게 저렇게 주워들은 짧은 지식이긴 하지만, 저 선언이며 헌법의 내용이 어느 정도 실현되는 데는 100년이 훨씬 넘는 시간이 걸렸다지 않던가. 〈레미제라블〉에서 나온 혁명도 그 과정에서 벌어진 크고 작은 숱한 혁명이며 봉기 중의 하나에 불과하고 말이다.

"아무튼 그렇게 해서 이전과는 전혀 다른 사회, 다른 시대가 열린 거야. 그걸 근대 시민 사회라고 하는데, 정치적으로는 대의제 민주주의, 경제적으로는 자본주의, 그리고 사회적으로는 시민 사회가 본격적으로 시작되었지."

선생님, 어지러워요. 제발 그만! 더 이상 들을 자신이 없다니까요!

"그리고 그 모든 게 법으로 표현되었지. 말하자면 새 시대는 새로운 법을 통해……."

"저기 선생님, 근데 법이란 건 무엇인가요?"

좀 미안하기는 하지만 이렇게라도 프랑스 혁명 강의를 끊어야 할 것 같았다. 설마 법 얘기를 길게 하지는 못하겠지.

"응? 법?"

"법이라는 말이 자꾸 나오니까 그게 궁금해졌어요."

"글쎄? 법이 뭘까? 국회의원들이 국회에서 만드는 건데……."

흐흐. 당황한 살모사 아저씨가 머리를 긁적였다. 근데 그 모습이 왜 이리 귀여운지. 킥킥.

"근데 선생님, 오늘은 왜 이렇게 일찍 퇴근하세요?"

"아, 어디 가 볼 데가 있어서."

다행이라는 듯 얼른 대답하는 살모사 선생님. 얼굴이 다시 환하게 밝아졌다.

"어디요?"

"너 타냐라는 애 알지?"

"네?"

"작년에 한동안 친하게 지냈잖아. 걔의 하나밖에 없는 친구였지, 그지?"

타냐. 한동안 잊고 있었는데 이렇게 느닷없이 떠올려 주시는구나.

"네……."

"지금은 연락이 안 되니?"

"저라고 알 리가 없잖아요, 선생님."

"하긴. 한국을 아예 떠났다는 얘기도 있었으니……."

"근데 갑자기 타냐는 왜요?"

"응. 누가 어디서 봤다는 얘기가 있어서. 진짜라면 한번 만나 봐야겠지, 그지?"

"만나서 뭐 하시게요?"

"음, 글쎄. 특별히 할 건 없고, 그냥 보고 싶어서."

살모사 선생님은 겸연쩍은 듯 살찍 웃었다.

"넌 안 보고 싶니?"

"저요?"

"그래."

"잘 모르겠어요."

사실 정말로 그랬다. 보고 싶은 것 같기도 하고 안 그런 것 같기도 하고. 하지만 분명 궁금하기는 했다. 어떻게 변했는지, 그동안 어떻게 지냈는지, 그리고 정말로 아버지 나라인 네팔로 갔는지 등등.

"그러니? 나는 자주자주 생각나던데?"

선생님은 내가 하나밖에 없는 타냐 친구라고 했지만 사실은 그렇지 않았다. 나 못지않게 친한 사람이 바로 선생님이었고, 내가 타냐와 서먹서먹해진 뒤로는 타냐의 유일한 친구라 해도 틀린 말이 아니었기 때문이다.

선생님은 타냐를 무척 아꼈다. 그도 그럴 것이 타냐는 공부를 잘했을 뿐만 아니라 착하고 성격도 밝았으며, 심지어 얼굴까지 예뻤으니까. 아이들이 그렇게 타냐를 못살게 굴었던 건 사실은 그 때문이었을 것이다. 단지 타냐가 살갗이 까무잡잡한 '동남아' 혼혈아여서가 아니라. 그리고 아버지가 외국인 불법 체류 노동자여서가 아니라.

"어, 버스 왔다. 영심아, 나 먼저 가 볼게."

얘기하는 사이에 우리는 어느덧 버스 정류장에 와 있었다. 5분

가까이 기다린 끝에 근처 지하철역 가는 마을버스가 저 뒤편에 서자 선생님은 황급히 달려갔다.

"네, 선생님. 안녕히 가세요."

살모사라는 살벌한 별명이 왜 붙었는지 아직도 잘 모르겠다. 다른 아이들에게 물어봐도 잘 몰랐다. 그저 선배들이 그렇게 불렀고, 그걸 따라서 다들 그러더라는 것이다. 하지만 버스를 타러 허둥지둥 뛰어가는 모습은 별명답지 않게 귀여웠다. 여전히, 적어도 내 눈에는.

마을버스가 귀여운 살모사 한 마리를 싣고 떠난 뒤, 나는 줄곧 타냐를 생각했다.

'그렇게 갑자기 사라진 건 나 때문일까?'

아마도 그럴 것이다. 학교에서 말을 섞는 사람은 나밖에 없던 아인데…….

'나도 걔를 질투하고 있었나 봐.'

그랬음에 틀림없다. 그렇지 않고서야 타냐를 끔찍이 아껴 주는 살모사 선생님마저 싫어하게 되었을 리가 없었다.

'그래, 누가 뭐래도 그건 질투였어.'

그게 아니라면 그렇게 갑자기 타냐힌데 냉랭하게 대한 게 설명이 안 된다. 블로그에 익명으로 '악플'을 달아 나름대로 잘 나가던 블로거 타냐에게 회복할 수 없는 타격을 입히지도 않았을 테고 말이다.

한국인 행세 그만하고 너희 나라로 돌아가지? 불법 체류자인 주제에…….

그 댓글에 타냐는 아무런 답도 달지 않았다. 이웃 블로거들은 이게 뭔 뚱딴지같은 소리냐는 반응을 보이다가, 점차 동남아 출신 외국인이 맞는 것 같다며 수군거리기 시작했다. 그리고 얼마 안 있어 타냐의 블로그는 문을 닫았다. 타냐가 갑자기 학교에 안 나온 것도 바로 그 무렵부터였다.

'그 댓글을 내가 달았다는 걸 알았을까?'

분명 확증은 없었을 것이다. 하지만 나라는 걸 느낌으로 알았을 지도 모르겠다. 만약 그렇다면 내가 타냐라도 학교에 나오기 싫었을 거다. 나한테 있는 정 없는 정 다 떨어졌을 것임은 물론이고.

'타냐는 지금도 날 증오하고 있겠지……'

마음이 걷잡을 수 없이 무거워졌다. 살모사 선생님도 참. 왜 잊고 있던 걸 생각나게 한담?

점순이한테 문자를 넣었다.

"뭐하냐? 괜찮으면 지금 좀 만나자."

곧바로 답이 왔다. 마치 기다리고 있었다는 듯이.

"안 그래도 연락하려고 했어. 당장 우리 미술 학원으로 좀 와."

"응? 왜?"

"미술 학원 오빠가 널 만나고 싶대. 지난번에 바빠 가지고 제대로 못 도와줘서 미안한가 봐."

"그래?"

별일이다. 기껏 큰맘 먹고 찾아가 도움을 요청했더니 엉뚱한 소리나 늘어놓다가 이제야 도와주시겠다는 건가? 그때는 바빠서 그랬다고? 아이고 참 바빠도 보이시더라.

'어차피 시간도 많은데 또 한번 속아 봐?'

그러기로 했다. 생각해 보면 지난번 면담에서 소득이 전혀 없었던 건 아니었다. 고소 사태에 직접 도움 되는 얘기는 아니었지만, 어쨌든 덕분에 명예 훼손이 뭔지 시민 혁명이 뭔지 조금은 알게 되었으니까. 게다가 제대로 도와주지 못해서 미안해하고 있다지 않은가. 일단 기대를 해도 좋을 것 같았다.

하지만 법대 출신 미술 선생님의 첫마디는 또 이랬다.

"도대체 그런 댓글은 왜 달았지?"

9. 함무라비 법전

"네?"

예상치 못한 똑같은 질문에 내 반응도 똑같을 수밖에 없었다. 아니, 도대체 이게 지난번에 도움을 못 줘서 미안해하는 사람의 말이란 말인가.

"아직도 네가 댓글로 한 말이 몰상식하다고는 생각 안 하니?"

"그건……."

"그건 21세기의 문명사회에서 사는 인간이라면 해서는 안 되는 말이야."

"네?"

"일단 거기 앉아 봐라."

미술 선생 아저씨는 자기 책상 맞은편 소파를 가리켰다. 사실 그때까지 나와 점순이는 아무 생각 없이 책상 앞에 서 있었다. 오자마자 느닷없는 질문을 던진 탓에 미처 앉을 틈도 없었던 거였다.

"이미 2백년도 더 전에 인간은 태어날 때부터 자유롭고 평등하다는 선언이 있었어."

"프랑스 혁명 때 말이죠?"

오늘도 촉새같이 끼어드는 점순이. 한 대 콱 쥐어박아 주고 싶었지만 참았다.

"그렇지. 수많은 사람들이 야만적인 권력자들과 피 흘리며 싸워서 얻은 성과지. 그게 널리 퍼져 헌법과 법률로 흡수되어 오늘날 세계 대부분의 사람들이 혜택을 보는 것이고."

좀 전에 살모사 선생님한테도 들은 말이고 분명 맞는 말 같긴 했다. 하지만 당연히도 수긍하기보다는 반발하고 싶은 기분이 들었다.

"하지만……."

"그런데 영심이 너의 댓글은 그걸 반대한다고 선언한 꼴이야."

"제가요?"

"그래. 넌 한 부류의 인간들을, 단지 국적이 다르고 신분이 다르다고 범죄자 취급을 해 버렸거든. 그건 〈인간과 시민의 권리 선언〉의 기본 정신을 부정한 거야. 한국 헌법이 규정한 '인간으로서의 존엄과 가치' '개인이 가지는 불가침의 기본적 인권'을 짓밟아 버린 것이고."

"제가 그렇게 큰 죄를 졌다고요?"

"당연하지."

"전 댓글 몇 줄 썼을 뿐인데요?"

"아직도 모르겠니? 넌 많은 사람들이 보는 공개 게시판에서 그런 짓을 한 거야. 그건 기본적 인권을 유린한 것일뿐더러, 형법상의 죄를 지은 거라고. 형법, 그러니까 그게 몇 조더라? 암튼 명예훼손죄를 규정한 조항에서 말하는 '공연히' 어쩌고저쩌고라고 하는 게 바로 그거거든? 많은 사람들 앞에서 조선족은 죄다 범죄자입니다, 이렇게 소리 지른 꼴이지."

"……"

할 말이 없었다, 사실. 분명 내가 뭔가 해서는 안 되는 짓을 한 것 같기는 했으니까. 그럼에도 그게 큰 죄인가 생각해 보면 뭔가 납득할 수 없는 점은 있었다. 이를 테면 이런 거였다. 내가 어떤 인간을 조선족 불법 체류자로 몰고 욕을 했다고 한들 도대체 그게 왜 죄가 되는가. 왜 국가로부터 처벌을 받아야 하는가. 미운 놈한테 욕도 못 하나?

"근데 법이란 게 도대체 뭔가요?"

"응?"

"법이란 것도 결국 누군가 만든 거잖아요. 저는 그런 법을 만들지도 않았고 그 법을 따르겠다고 약속한 적도 없는데요."

명문 대학의 법대 출신 미술 학원 선생님이 갑자기 조용해졌다. 분명 당황한 듯했다. 설마 내가 이런 맹랑한 질문을 할 줄은 몰랐던 모양이다. 하기야 난데없는 고소 소동에 인터넷, 백과사전 뒤져 가며 이렇게 치열하게 법 공부를 한 중학교 2학년짜리가 또 어디 있을까.

"흠, 그러니까, 법이란 것도 나와 같은 사람인 누군가가 만든 것인데, 그게 뭐라고 우리가 따라야 하느냐, 우린 따르겠다고 약속을 한 적도 없는데, 이 말이지?"

"네."

"그건 참 어려운 문제야. 법철학의 영역이라고 할 수 있지."

"법철학요?"

"법철학이란 건, 지금 네가 한 것과 같은 질문과 의문들을 탐구하는 학문이야. 철학의 한 종류라 할 수 있어. 이를 테면 법은 무엇인가, 곧 법의 본질, 법의 힘은 어디에서 비롯되는가, 법이 사회에서 하는 역할은 무엇인가 따위를 연구하는 학문이지."

휴, 그럼 내가 무려 철학적인 질문을 던졌다는 말인가. 미치겠네. 이제 철학 공부까지 해야 할 판이로구나.

"그래서 법은 무엇인가요?"

미술 선생님은 고개를 살짝 기울이더니 한 손으로 귓바퀴를 어루만졌다. 아무래도 대답하기가 쉽지 않은 모양이다.

"대답을 하기 전에, 가령 함무라비 법전을 떠올려 볼까? 알지, 고대 바빌로니아의 함무라비 법전?"

"네, 선생님. 함무라비 왕이 만든 거잖아요. 까만 돌기둥에 새긴 거."

점순이가 또 끼어들어 잘난 체했다. 함무라비 법전을 함무라비 왕이 만들었다는 걸 모르는 사람이 어디 있다고. 물론 난 그게 까만 돌기둥에 씌어 있다는 것까진 몰랐지만 말이다.

"맞아, 그거지. 근데 영심아."

"네?"

"경찰에서는 연락 안 왔니?"

헐. 이건 뭔 자다 봉창 뚫는 소리? 함무라비 왕도 고소당한 적 있나?

"아직요. 근데 그건 왜요?"

"아니, 그냥 궁금해서. 암튼 올 때 되지 않았니?"

"올 때 되면 오겠죠. 혹시 안 와서 초조하세요?"

"하하. 그럴 리가. 그냥 궁금해서 그런다니까."

걱정돼서도 아니고 궁금해서라……. 이걸 어떻게 해석해야 하나.

다들 모여서 언제 오나 내기라도 걸었나?

"제가 경찰에 안 불려 갈까 봐 걱정되는 분들이 많은가 보네요."

"그게 아니라니까. 아니고, 암튼 그래서……."

미술 선생님이 헛기침을 한 번 했다. 마치 도둑질이라도 하다 들킨 사람처럼 표정이 어색했다.

"그래서 함무라비 왕은 거의 4천 년 전 사람이거든. 그러니 함무라비 법전도 그 무렵의 것이겠지."

"어머, 그렇게 오래된 거였어요?"

적절히 터져 나오는 점순이의 호들갑. 이제 그냥 추임새로 생각하자. 하기야 그런 것조차 없으면 말하는 사람이나 듣는 사람이나 얼마나 지루하랴. 이런 재미없는 이야기를 하면서.

"그렇지. 흔히 말하는 4대 고대 문명 중에서도 가장 오래된 메소포타미아 문명의 유산이거든. 2미터가 넘는 기둥에 모두 282개의 법조문이 쐐기 문자로 새겨져 있어. 엄청 오래된 성문법 혹은 법전이라고 할 수 있지."

"그게 혹시 세계 최초의 법전 아닌가요? 그렇게 들은 것 같은데."

"그렇진 않고. 그보다 300년 전에 역시 메소포타미아에서 만들어졌고 함무라비 법전에 많은 영향을 준 우르남무 법전이란 게 있지."

"우르남무? 그게 무슨 뜻인가요?"

"함무라비처럼 사람 이름이야. 메소포타미아의 수메르 왕조를 건설한 왕이지. 우르남무 법전은 우르남무의 이름으로 점토판에 새겨진 건데, 모두 57개 조문으로 돼 있어."

"그럼 함무라비 법전은 두 번째로 오래된 것이네요?"

"그것도 아냐. 그보다 200년 앞서서 또 리피트-이슈타르 법전이 있었거든. 역시 리피트-이슈타르라는 왕이 만든 거지."

"어머, 놀랍네요."

신기하다는 표정을 짓는 점순이의 얼굴이 가식적으로 보이는 건 단지 너무 얄미워서였을까? 하여튼 나는 안중에도 없는 듯 두 사람은 주거니 받거니 대화를 이어 갔다.

"아마 그 세 가지 법전 말고도 여러 가지가 있었을 거야. 어쩌면 훨씬 더 오래된 게 있었는지도 모르지. 단지 남아 있지 않거나 우리가 아직 발견 못했을 뿐."

"정말 그렇겠어요."

"근데 영심아."

제길, 또 느닷없이 내 이름. 법전 얘기에 빠져 있던 나는 깜짝 놀랄 수밖에.

"네?"

"너 올해 몇 살이니?"

"나이는 왜요?"

"음 그러니까, 형사 책임 능력이 생기는 나이가 만 14세거든?"

"형사 책임 능력이라뇨?"

"형사 책임이란 형법상의 처벌을 받아야 하는 책임이니 형사 책임 능력은 그런 책임을 질 수 있는 능력을 가리키지. 그러니까 네가 만 14세가 됐으면, 가령 고소를 당해 유죄 판결을 받았을 때 징역이나 벌금 같은 처벌을 받을 수 있다는 거지."

기가 막혀서! 지금 이 말을 하려고 기껏 하던 얘기를 중단했단 말인가? 더 어이가 없었던 건 너무나 진지한 표정으로 그런 뚱딴지같은 얘기를 했다는 것이다. 그리고 점순이가 불난 데 부채질을 했다.

"영심이는 충분히 그런 능력 있어요. 생일 지난 지 두 달이나 됐거든요."

"흠, 그래?"

"그럼요."

성질 같아선 저 푼수대가리를 창밖으로 내던져 버리고 싶었지만 고개를 돌려 레이저광선을 쏘아 주는 걸로 참았다. 그제야 움찔하는 푼수.

"근데 함무라비니 우르남무니 하는 왕들은 왜 그런 법전을 만들었어요, 선생님?"

"점순이 네가 한번 생각해 봐라. 왜 만들었겠니?"

"글쎄요. 왕이니까, 자기 나라를 다스리려고?"

"그래 그렇겠지. 그런데 말야, 왕이면 자기 마음대로 다스리면 되는 거 아닐까? 귀찮게 법은 왜 만들어?"

"그러게요. 왜 만들었을까요?"

"영심이는 어떻게 생각하니?"

이 '왕재수' 아저씨는 도대체 내 질문에 대답을 해 주긴 할 건가? 말도 하기 싫어서 입 꾹 다물고 있는 사람한테 질문 같은 건 또 왜 던지고? 그래도 대답을 하긴 해야 할 거 같아서 아무렇게나 대답했다.

"나라를 잘 다스리려고……."

그러자 이 아저씨, 내 어깨를 탁 치며 갑자기 큰 소리로 대꾸한다.

"맞아, 바로 그거야!"

"네?"

"가령 함무라비는 말이야, 본래 바빌론이라는 작은 도시 국가의 왕이었거든. 그런데 전쟁을 자주 벌여 여러 도시와 지역을 정복하고 큰 제국을 이룩한 거야.”

“능력 있는 왕이었나 봐요, 선생님.”

점순이가 미술 선생님을 빤히 쳐다보며 말했다. 마치 이 ‘오빠’
는 나의 오빠라는 듯한 표정으로.

“뭐 그랬겠지. 아무튼, 그렇게 큰 나라를 만들고 나니 문제가 생
겼겠지.”

“그게 뭔데요?”

“본래 서로 다른 도시나 지역에서 살던 사람들이 한 나라 안에
서, 한 왕의 다스림을 받으며 살다 보니 관습과 종교, 도덕, 가치관
따위가 저마다 달라 혼란이 생긴 거지.”

“아, 그렇겠네요.”

“게다가 영토가 넓어지고 인구가 많아지니 범죄나 다툼 따위도
훨씬 많아졌겠지.”

“맞아요. 그랬을 거 같아요, 선생님.”

정말 기가 막힌 추임새였다. 그게 없었으면 어쩌면 미술 선생님
아저씨는 대충 얘기하다 말았을지도 모를 일이다.

“함무라비의 그 제국, 곧 바빌로니아는 전제 군주 국가이고 제
정일치, 곧 왕이 사제를 겸해 종교 의식과 정치를 동시에 맡아 하
는 나라였어. 그러니 재판을 열고 판결을 내리는 일도 당연히 왕

의 중요한 임무였겠지."

"그러면 왕의 판결이 곧 법이었겠네요?"

오, 웬일로 날카로운 의견? 그래도 점순이 쟤가 아주 백치는 아닌 모양이다.

"그렇지."

미술 선생님도 네가 참 별일이다, 뭐 이런 표정과 말투랄까.

"함무라비 법전이란 함무라비 왕이 재판에서 내린 중요한 판결을 법조문으로 적은 거야. 말하자면 판례법이지. 판례란 판결의 사례란 뜻이잖아?"

"나라를 잘 다스리려고 자기의 판결을 법으로 만들었다는 건가요?"

"맞아. 혼란을 가라앉히고 질서를 세워 제국을 안정시킬 통일된 법률이 필요했지. 왕조가 정치와 사회생활의 기준으로 삼아 나라를 좀 더 안전하고 편하게 다스릴 수 있는 법률."

"그럼 결국 왕 자신을 위한 거였네요?"

"물론 그렇긴 해. 하지만 그렇다고 거기에 그치는 건 아닌데, 왜냐면 믿고 따를 통일된 법이 없으면 다스림을 받는 백성들도 살기 힘드니까. 생각해 봐, 어떤 행위가 여기서는 범죄인데 저기서는 아니고, 어제는 괜찮다가 오늘은 처벌을 받게 된다면 어떻게 안심하고 살아가겠니.”

“하긴 그렇겠네요.”

“함무라비는 자기 나름으로 정의롭고 공정하게 나라를 다스리고 싶었을 거야. 법전을 만들어 널리 퍼뜨렸다는 것만으로도 그걸 짐작할 수 있어.”

오호, 그렇다 이거지? 그렇다면 어쨌든 대단한 사람이네. 야만적이고 무법천지였을 것만 같은 그 옛날에 그런 생각을 했으니. 하지만 함무라비의 생각대로 그 법은 정말로 정의롭고 공정했을까? 궁금해서 오랜만에 질문을 던져 봤다.

“법전은 어떤 내용인가요?”

“내가 282조를 다 알진 못하고, 몇몇 가지는 생각이 나는데, 가령 이런 거야. ‘노예를 성문 밖으로 도망가게 한 자는 사형에 처한다, 도둑이 소나 양, 당나귀, 돼지, 염소 중 하나라도 훔치면 그 값의 열 배로 보상해야 한다, 보상해 줄 돈이 없으면 사형당한다, 노예가 주인에게 ‘이 자는 나의 주인이 아니다.’라고 말했다면, 주인은 자기 소유의 노예임을 입증하고 그 귀를 자를 권리를 가진다, 의사가 수술하다가 환자가 죽으면 의사의 손을 자른다, 어떤 사람이 다른 사람의 눈을 멀게 했다면 그 사람의 눈알을 뺀다, 이를 부러뜨렸다면 이를 부러뜨리고, 뼈를 부러뜨렸으면 뼈를 부러뜨린다.’”

"와, 무시무시해요, 선생님!"

"마지막에 말한 '눈에는 눈, 이에는 이'라는 방식을 탈리오 법칙이라고 하는데, 함무라비 법전의 가장 중요한 특징이 바로 그거야."

탈리오 법칙이라. 그런 걸 적용했다면 함무라비 법전은 전혀 정의롭지 않을 뿐만 아니라 엄청 야만적인데? 저기에는 인권은커녕 인권 그림자도 안 보이잖아.

"도대체 그런 걸 법이라고 할 수 있나요?"

"언뜻 보면 야만적이지만, 당시 상황을 보면 꼭 그렇다고 볼 수만은 없어."

응? 그게 무슨 소리?

"이를 테면 사람들 간에 다툼이 벌어지거나 범죄가 벌어졌을 때 법에 정해진 것 이상으로 해서는 안 된다는 뜻도 있거든. 가령 어떤 사람이 남의 눈을 멀게 만들었으면 그 사람을 죽이거나 팔다리를 부러뜨리거나 노예로 삼으면 안 되고 눈알만 빼야 하는 거지. 법에 규정된 대로 하라는 의미라는 거야."

음, 그렇게도 볼 수 있는 건가.

"현대의 죄형 법정주의와 기본적인 생각은 같다고 할 수 있어."

뭐라고? 죄형 법정주의? 그건 '법률이 없으면 범죄도 없고 형벌도 없다'는 원칙이잖아? 이것도 프랑스 혁명에서 비롯됐다고 한 것 같은데? 〈인간과 시민의 권리 선언〉에도 나오고. 그런데 그게 함무라비 법전에서 이미 나타났다고?

"노예에 관한 내용도 무시무시하지? 하지만 그것도 당시 사회를 생각하면 이해할 수 있어. 뭐냐면, 바빌로니아는 노예제의 나라였거든. 다시 말하면 노예를 부려서, 그 노동으로 유지되는 사회였던 거야. 그러니 노예를 지키는 게 얼마나 중요한 문제였겠니."

미술 선생님의 말은 점점 길어지고 목소리는 조금씩 높아졌다. 뭔가 중요하거나 스스로 재미있다고 생각하는 내용인가 보다.

"말하자면 함무라비 법전의 내용은 대체로 오랫동안 많은 사람들이 상식으로 여겼던 것일 거야. 함무라비 왕은 그런 상식에 따라 판결을 내렸을 테고. 물론 그렇지 않은 것도 있었겠지만 말이야."

이 대목에서 다시 질문거리가 떠올랐다.

"그렇다 해도 어떻게 왕의 판결이 곧바로 법이 되나요?"

"왕의 나라니까. 법이 법이 될 수 있는 가장 중요한 특성이 뭐일 것 같니?"

"음, 나라에서 만들었다는 거?"

"나라라면 정부 말이지?"

"그렇겠죠."

"그렇다면 함무라비가 선포한 법은 법이 아니겠네? 정부가 아니라 일개 왕이 마음대로 만들어 퍼뜨린 거니까."

"하지만 그때는 왕이 다스리던 시절이니까 왕이 곧 정부 아니었을까요?"

"그렇게 말할 수도 있겠네. 그래 그건 그렇다 치고, 그럼 샤리아나 할라카 같은 종교법은 법일까?"

"종교법이라면……."

"샤리아는 이슬람교도들이 따르는 법이고, 할라카는 유대교도들의 법이지. 둘 다 오랜 전통을 가졌고 지금도 법으로 지켜지는데, 정부나 왕이 만든 건 아니거든?"

"그럼 누가……."

"신의 뜻에 따라 신이나 예언자의 가르침을 바탕으로 오랜 세월에 걸쳐 만들어졌어. 그러니까 굳이 만든 이를 따지자면 신이나 예언자겠지."

샤리아, 할라카, 모두 태어나서 처음 들어 보는 말이다. 어쨌든 그 두 가지는 종교법인데 정부가 만든 게 아니다? 그런데도 법이다?

"그럼 제 대답이 틀린 건가요?"

"아마도."

이 아저씨, 그러고는 뜬금없이 나를 보며 살짝 윙크를 한다. 그것도 아주 무표정한 채로. 워낙 순식간에 일어난 일이라 뭐라 생각할 틈조차 없었지만, 한 가지 확실한 건 정말 재수 없었다는 거다.

"종교법뿐만 아니라 관습법이라는 것도 있어."

내 속이 그러거나 말거나 재수 없는 미술 선생 아저씨의 설명은 계속된다.

"관습법이란 어느 사회에서 전해 내려오는 관습적 규칙들 가운데 법과 같은 힘을 가진 것을 말해. 이 법은 입법 기관, 그러니까 왕이나 정부, 국회 같은 곳에 의해 제정되지 않은 거지. 만약에 정부가 만든 것만이 법이라면 관습법은 법이 아니라는 게 되잖니?"

이때 나는 살짝 짜증이 나 있었다. 이 아저씨가 일부러 어려운 질문을 던져 틀린 답을 유도하고는 기다렸다는 듯이 폼을 잡고 설교하는 것 같아서였다. 게다가 설명도 점점 난해해지고 있었다.

나는 가능하면 대꾸를 안 하기로 했다. 그러면 혹시라도 설교가 짧아질까 해서 말이다.

"선생님, 그럼 정답이 뭐예요? 법이 법일 수 있는 가장 중요한 특징요."

하지만 질문왕 점순이가 있었다는 사실.

"그건 바로, 아니 그 전에, 영심아."

제길, 이번엔 왜 또?

"너를 고소하겠다고 한 사람 말이야, 그 스파르타쿠스."

"스파르타쿠스가 아니고 스파이더맨요."

"아 맞아, 스파이더맨. 암튼 그 스파이더맨이라는 사람한테서는 다른 연락 없었니?"

"네. 쪽지 몇 통 온 게 다예요."

"쪽지?"

미술 선생님이 그런 일이 있었느냐는 듯, 놀란 표정을 지었다. 그리고 여지없이 끼어드는 점순이.

"정말이니, 영심아? 그래서 뭐라고 왔는데?"

"별거 없어. 형법, 헌법 조항 적어 보냈고, 또 무슨 선언문 같은 거."

"아니 그걸 왜?"

"나도 모르겠다."

"다른 말은 없었어?"

난데없이 '내가 누구게?'를 했다는 말이 혀끝까지 나왔다가 겨우 들어갔다. 너무나 우스꽝스럽고 터무니없는 상황이라 말하면 왠지 창피할 것 같았다.

"없었어. 근데 너 말고 혹시 디브이디 인사이드 드나드는 애 없냐? 나도 아는 애들 중에서 말야."

"한 명도 못 봤는데? 너 같은 애나 그거 하지, 우리 또래 애들이 왜 거기 드나들겠니? 심지어 나도 가입해 놓고도 안 가는데."

하기야. 아무리 생각해 봐도 내가 거기에서 활동하는 걸 알 만한 사람은 없었다. 귀신이 곡할 노릇이었다.

"근데 그건 왜?"

"아니, 왠지 그놈이 나를 알고 있을지도 모른다는 생각이 들어서."

"그럴 리가. 만약 아는 척했다면 그냥 한번 떠보려는 거지. 약 올리는 건지도 모르고."

그러려나. 어쨌든 여러 가지로 희한한 인간일세?

"선생님, 하던 얘기 계속 해 주세요."

다시 분위기를 되돌려놓는 우리의 질문왕 점순이다.

"어, 그래. 그러니까 그건, 아니 그 전에……."

헉. 이 선생님 나한테 또 물을 게 있나? 왜 이렇게 산만한 거야?

"점순이 넌 어떻게 생각하니? 법을 법으로 존재하게 하는 건 무엇일 거 같아?"

휴, 이번엔 아니었구나. 일단 다행. 근데 정말 궁금하기는 하다. 답이 도대체 뭐야?

"음, 전 영심이처럼 법 공부를 안 해서 잘 모르겠지만, 혹시 정의 같은 건 아닐까요? 법은 정의로워야 하잖아요."

"정의. 그렇지, 법은 정의로워야지. 그건 틀림없어."

미술 선생님은 그럴 듯하다는 듯 짐짓 고개를 끄덕거렸다. 하지만 그것도 자기가 바라는 답이 아닌 건 분명했다.

"근데 말이야, 법이라고 다 정의롭지만은 않잖아? 당장 우리나라만 해도 옛날에 악법이 얼마나 많았니?"

그건 그랬다. 가끔 아빠 얘기 들어보면 몇 십 년 전 독재 정권 시절에는 무슨 긴급 조치니 언론을 통제하는 무슨 법이니 해서 반민주 악법들이 많았다지 않은가. 지금도 국가 보안법 같은 법을 사상의 자유를 침해하는 악법이라고 아빠는 틈만 나면 목청을 높인다.

"말하자면 정의롭지 않아도 법 행세하고 법 대접받는 것들은 이제까지 많았고 지금도 세계 곳곳에 많아. 그러니 정의도 일단 탈락시켜야겠지?"

"그럼 도대체 답이 뭐예요, 선생님?"

"물론 거기에는 정의란 게 무엇인가라는 중요한 문제가 또 있어. 예를 들어 함무라비 법전의 조항, '노예를 성문 밖으로 도망가게 한 자는 사형에 처한다'는 정의로울까?"

"별로 그렇지 않은 것 같은데요."

"그렇지? 노예를 부리는 것도 문젠데 노예를 도망치게 했다고 사형을? 그건 너무나 비인간적인 처사지. 물론 지금 우리가 볼 때는 말이야."

"그렇다면, 그때는 그게 정의였다는 거예요?"

"그럴 수도 있다는 거지. 다시 말하지만 바빌로니아는 노예를 부려서 유지되는 사회였거든. 그러니 노예를 소유하는 것도, 그 노예를 도망시키는 걸 큰 범죄로 여기는 것도 당연한 일이었을 거야. 그런 곳에서 정의란 지금의 우리와는 엄청 다르겠지."

"그렇지만……."

"정의는 상대적이라는 거야. 시대와 장소에 따라 내용이 달라질 수 있지. 지금은 그냥 어느 시대 사람들이 대부분 옳다고 생각하는 것쯤으로 정의하자."

"잘 이해가 안 가요."

"그럼 나중에 다시 공부해서 이해하고, 암튼 정의가 어떻게 생각되던 시대든 그것에 어긋나서 악법 소리를 듣던 법도 많았으니 법을 법이게 하는 게 정의는 분명 아니라는 거지."

"그러니까 답이 뭐냐고요, 선생님!"

질문왕 점순이도 이제 짜증이 나는지 목소리가 약간 거칠어졌다.

"짜증내지 말고. 하하!"

점순이의 신경질에 설교쟁이 아저씨가 오늘 처음으로 웃었다. 그래도 그런 점순이가 귀여운가 보지?

"내 생각에는 말이야, 그건 강제력인 것 같아. 즉 법이 선포되는 곳에서 모두가 그걸 법으로 인정하고 그것이 규정하고 금지하고 명령하는 것을 따르게 하는 힘 말이야."

강제력이라. 하긴 법을 안 지키면 일단 처벌을 받거나 보상하게 하거나 하지 않는가. 그래서 사람들은 대부분 법을 지키려 하고. 그런 힘이 없는 법은 하나도 없을 것 같았다.

"다시 함무라비 법전으로 가 볼까?"

흥분했는지, 미술 선생님은 목소리가 점점 커졌다. 그리고 손짓이 많아지고 격렬해졌다. 그 모습은 꼭 시사 토론회에 나와 상대를 공격 혹은 설득을 하는 정치가나 평론가 같았다.

"함무라비는 자기가 만든 법이 새겨진 돌기둥을 나라 곳곳에 세웠어. 왜 그랬겠니? 그걸 널리 퍼뜨려서 자기가 만든 제국을 다스리는 수단으로 삼으려 했던 거지. 하지만 사람들이 그걸 보고도 법으로 생각 안 하거나 무시해도 되는 법이라고 생각했으면 함무라비 법전은 이렇게 전해지지도 못했을 거야. 진즉에 없어졌겠지. 하지만 알다시피 그렇게 안 됐지? 왜 그랬을까?"

미술 선생님은 손으로 턱을 괸 채 점순이와 나를 번갈아 쳐다 보았다. 그리고 다시 한쪽 눈을 찡긋했다. 덕분에 함무라비 법전에 대해서는 아무 생각도 할 수 없었다. 다행히 점순이는 아무렇지도 않았나 보다.

"강제력이 있어서······ 요?"

자신감이라고는 눈곱만치도 없는 목소리였지만, 어쨌든 그건 질문자가 원한 정답이었다.

"바로 그렇지!"

그 말과 동시에 손바닥으로 책상을 쾅 치는 소리가 원장실에 울려 퍼졌다. 거의 강의의 절정에 이른 건가?

"그 강제력이 아주 넓은 지역에 걸쳐 약 1,000년 동안이나 유지되었거든."

헉 1,000년 동안이나? 정말 대단한 법전이었군. 여러 가지로. 그나저나 이 대목에서 질문 하나 해 볼까?

"그런데 그 강제력은 어디서 나온 건가요?"

"오, 좋은 질문이다."

사실 난 좋은 질문 아니면 안 하는 편이다. 그게 점순이하고 다른 점이라고나 할까.

"자, 바빌로니아는 왕국이었고, 함무라비는 여러 도시를 정복하여 그 큰 나라를 세운 왕이라고 했지? 당시의 바빌로니아는 메소포타미아에서 가장 크고 부유하고 강한 무력을 가진 나라였어. 그리고 그 나라를 통째로 지배하는 건 바로 함무라비 왕이었지. 바로 그런 왕이 만들고 지키라고 명령한 법을 무시할 수 있었을까?"

"그러면 함무라비 법전의 강제력이란 결국 함무라비 왕의 무력 덕분에 생긴 건가요?"

"바로 그래."

헐, 이 대목에서 또 윙크. 이번엔 싱긋 웃기까지 한다.

"물론 그게 다는 아니지. 그 법의 핵심 내용은 사실 지배 계급, 그러니까 바빌로니아 사회를 지배하는 소수 사람들의 이해관계를 고려한 거야."

"그게 무슨 말이에요?"

적절히 질문을 해 주시는 우리 백치 공주님. 굳이 안 물어도 대충 알아들을 수 있겠구면.

"예를 들면, 함무라비 법전에 노예와 관련된 조항이 많이 보이거든? '노예를 성문 밖으로 도망가게 한 자는 사형에 처한다.' 이런 거. 거기에 노예가 주인에게 나는 당신의 노예가 아니다라고 하면 노예의 귀를 자른다든지, 이발사가 주인에게 알리지 않고 노예의 표시를 떼어 내면 이발사의 양손을 잘라 버린다든지."

"그런데요?"

"그건 그만큼 노예 제도가 중요했다는 것이고, 바빌로니아가 철저한 계급 사회였다는 걸 말해 주지. 말하자면 바빌로니아는 왕과 왕족, 승려, 부유한 상인, 지주 같은 사람들이 가난한 평민과 노예, 여성을 지배하는 사회였던 거야."

"옛날에야 다 그러지 않았을까요?"

"물론 그렇지. 어쨌든 함무라비 왕은 그런 사회의 질서를 평화롭게 유지하고, 그런 속에서 정의로운 통치를 하려고 했겠지. 그런 노력의 결과가 바로 함무라비 법전일 테고."

여기서 다시 나의 날카로운 질문.

"그렇다면 함무라비 법전도, 그러니까 함무라비 왕이 의도한 평화로운 질서와 정의로운 통치가 결국 지배 계급을 위한 것이었나요?"

"그렇다고 볼 수 있지."

"근데 그게 강제력하고 무슨 상관인가요?"

"아 그래, 강제력 얘기하고 있었지."

미술 선생님은 갑자기 뭔가 생각난 듯 벌떡 일어났다. 그러고는 성큼성큼 걸어 방 한쪽의 냉장고로 가더니 휙 문을 열고 주스병을 꺼냈다. 상표로 보아 지난번에 내가 사온 게 틀림없었다.

"내가 이걸 깜빡 잊고 있었네."

그러고는 선 채로 오렌지 주스 한 병을 벌컥벌컥 마셨다. 털이 숭숭 난 턱 주변으로 노란 주스가 줄줄 흘러내렸다. 그걸 손으로 쓱 닦고서 내뱉는 말도 가관이다.

"크으 죽인다! 너희도 줄까?"

주스를 한 병씩 받았지만, 물론 우린 안 마셨다. 뚜껑을 따서 입에 잠깐 갖다 대기만 했을 뿐. 안 그래도 서늘한 날씬데 냉장고에서 방금 꺼낸 찬 주스를 마시고 싶을 리가 없었다. 게다가 그 끔찍한 노란 즙에 끄윽 하는 트림 폭탄까지 맞고 나니 그나마 조금 마신 것도 토하고 싶을 지경이었다.

"생각해 봐. 그 사회에서 가장 큰 권력과 부를 가진 사람들이 옳다고 여기는 법이라면 안 퍼지고 안 지켜질 수가 있을까? 어떤 사회에서 당연하다고 여겨지는 생각은, 사실은 그렇게 힘센 사람들의 것이거든."

주스 한 병 마시고 기운이 났을까? 다시 법철학 강의가 시작되었다.

"그러니까 지배 계급이 옳다고 생각하기 때문에 강제력이 생긴다는 건가요?"

"그런 면이 있다는 얘기지."

흠. 정말 그럴까? 하기야, 우리가 상식이나 여론이라고 여기는 건 사실 우리 자신이 만든 건 아니다. 누군가에게 그렇다고 듣거나 전해 들은 것이 대부분이다. 그리고 그 누군가도 다른 누군가에게 들은 것일 가능성이 높다. 그렇다면 그걸 맨 처음 떠들고 퍼뜨려 당연한 상식이나 여론으로 만든 사람들도 힘센 사람들? 지배 계급?

"함무라비 법전 얘기를 좀 더 해 보면……."

후. 그 얘기 하다가 아무래도 날이 저물지 싶다. 창밖을 보니 정말로 어둑어둑해졌다.

"법전을 새긴 비석 맨 윗부분에 재미있는 부조가 새겨져 있어. 바로 함무라비가 신에게 법을 받는 장면이야."

"어머나, 그게 그런 내용이었군요."

역시나 적절히 터져 나오는 점순이의 호들갑 혹은 추임새.

"법전의 전문, 그러니까 법조문보다 앞부분에 나오는 글에도 신이 함무라비에게 지상에 정의의 법률을 세우도록 했다는 내용이 나오지. 그건 말하자면 자기의 법은 신의 뜻에 따라 만든 성스럽고 위대한 법이라는 의미겠지.”

“아하.”

“생각해 봐. 함무라비가 왜 법전에 그런 내용을 집어넣었겠니?”

“글쎄요. 자기가 독실한 신자라는 걸 밝히고 싶었을까요?”

아이고 점순아. 설마 그랬겠니. 순진무구한 것도 좋다만, 제발 가끔이라도 생각은 좀 하고 살자꾸나. 안타까워서 도와주는 것도 한두 번이지.

“신의 명령으로 만든 법이니까 반드시 지켜야 한다는 거겠지.”

“그래, 영심이 말이 맞아. 말하자면…….”

바로 그때 우리의 법철학 강사님의 말을 끊어 버린 건 앙증맞은 웬 어린애의 외침이었다.

“문자 왔어요!”

크흑. 할머니 할아버지 효도 폰에서나 나는 소리를 여기에서 듣게 될 줄이야. 몸을 뒤틀고 바지 주머니에서 낡아 빠진 폴더형 핸드폰을 꺼내는 미술 선생 아저씨를 보고 있노라니 정말 안타깝다는 소리가 목구멍까지 기어 나왔다.

게다가 그 나이에 벌써 노안이라도 왔을까? 핸드폰을 한 30센티미터는 떨어뜨려 놓고 문자를 읽고 더듬더듬 답을 썼다. 불쌍한 점순이. 주위에 좋아할 '오빠'가 그리도 없더냐.

"선생님 문자 왔어요?"

"어, 아는 분한테서 왔네. 잠깐만."

한 오 분 걸렸지, 아마? 그나마 한 열 글자나 썼으려나. 암튼 그러고 나서 다시 강의에 몰두한다.

"말하자면, 함무라비 왕은 종교와 신의 권위를 빌려 법의 강제력을 강화하려고 한 거야."

휴, 어지러워라. 잠깐 정리 좀 해 보자. 이 아저씨가 침을 튀기며 지금까지 설명하는 게 법이 법일 수 있는 근거인 거 맞지? 법이란 강제력이 있어야 법 대접을 받고 법 노릇을 할 수 있다는 얘기고.

"그렇다면 왕의 무력과 지배 계급의, 그러니까 그…… 여론이나 상식을 만드는 힘, 신의 권위가 합쳐져서 법의 강제력을 만든다는 말씀이죠?"

"그렇지."

"그럼 제가 스파이더맨이라는 놈한테 욕 좀 했다고 명예 훼손죄로 처벌받는 것도 그 강제력 덕분인가요?"

"당연히 그래."

"하지만 전 그 법을 따르겠다고 한 적도 없고, 그 강제력에 굴복하겠다고 약속한 적도 없는데요?"

"흠, 물론 그렇긴 한데……."

법철학 강사님께서 그 솥뚜껑 같은 손으로 더러운 턱을 문질러댔다. 뭔가 곤란한 기색이 역력한 얼굴로. 나는 쌤통이라는 표정으로 그 얼굴을 빤히 쳐다보면서 답을 기다렸다.

10. 그래서 법이란 무엇?

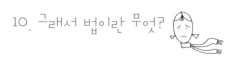

　"영심아 그건 말이야, 이를 테면 네가 지금 이렇게 살고 있는 게 바로 이 사회의 법에 동의하고 있다는 증거야. 너는 태어나서 법에 따라 출생 신고가 되었고, 법에 따라 학교에 들어갔고, 법에 따라 건강 보험 혜택을 받았고, 법에 따라 한국 국적을 유지하며 지금까지 이렇게, 이런 모습으로 살아 있는 거거든?"

　"네? 그게 무슨 말……."

　"네가 혹은 네 부모님이 그런 법들을 따르지 않았다면 지금의 네가 될 수 있었을까? 안 그렇겠지. 넌 아마 죽었을지도 몰라."

　"네?"

　"말하자면, 너는 암묵적으로, 암묵적이란 게 무슨 말인지 알지? 암튼 공개적으로 동의한다고 선언하지 않았어도 너도 모르게 이 사회의 법을 인정하고 그 강제력 행사에 동의한 거야. 그게 바로 네가 명예 훼손죄를 지었으면 이 나라의 형법에 따라 처벌받아야 하는 이유지.”

아, 그렇단 말인가. 그 말이 맞다면 나는 더 이상 빠져나갈 곳이 없는 셈인데.

“조금 어려운 얘기를 해 보면, 라드브루흐라는 법학자는 법은 정의로워야 하고, 그 사회나 국가의 목적에 적합해야 하며, 법에 의한 안정과 질서를 추구해야 한다고 했어. 그리고 그건 법에 따른 형벌도 마찬가지라 했고. 이 또한 네가 처벌받아야 하는 이유가 될 수 있겠지.”

“네?”

“간단히 말하면 넌 정의와 이 사회의 질서 및 안정을 위해 형벌을 감수해야 한다는 거야.”

후덜덜. 그렇다면 나는 정의의 이름으로 고소를 당하고 국가에 의해 정의의 심판을 받는 게 되나?

“그래서 법이 뭔데요?”

나는 새삼 절망감에 휩싸여 반항하듯 따져 물었다. 왠지 이렇게라도 성가시게 해주고 싶은 심정이었다고나 할까.

“결국 처음으로 돌아간 건가? 너 철학 공부하면 잘하겠다. 생각이 논리적이고 맥락을 따라가는 솜씨가 보통이 아닌데? 하하하.”

그게 뭔 소리여요, 아저씨. 어려운 말 마시고 어서 대답이나 해 주시라는.

"법을 정의한다는 건 쉽지 않은 일이야. 학파마다 다르고 학자마다 다를 수 있거든. 방금 말한 라드부르흐의 주장도 어떻게 보면 법의 정의라고 할 수 있어. 문제는 그런 정의가 옛날부터 한두 가지가 아니라는 거야."

"옛날부터요?"

"그래, 아주 옛날부터. 예를 들면, 고대 그리스의 철학자이자 수학자였던 피타고라스는 법은 정사각형이어서 고르고 공정하다고 했고, 헤라클레이토스라는 철학자는 로고스라고 했어."

"로고스란 게 뭐예요, 선생님?"

그렇지, 잘했다, 점순아. 바로 그런 질문을 하란 말이야.

"로고스는 이해하기 어렵고 뜻도 다양한 개념인데, 여기서는 그냥 우주의 보편적인 법칙, 또는 그것에 따르는 이성이라고 생각하면 될 거야."

"그럼 헤라클레이토스는 법은 우주의 법칙이라고 생각한 거예요?"

"그렇다고 볼 수 있지."

정사각형과 우주의 법칙이라. 하나는 기발하고 하나는 허풍스럽구나. 하기야 고대 그리스의 철학자들이면 얼마나 옛날 사람이냐. 21세기에 사는 우리가 이해해야지, 뭐.

"또 플라톤과 아리스토텔레스는 정의를 실현하는 수단이라고 여겼고, 중세의 기독교 철학자들인 아우구스티누스와 토마스 아퀴나스는 각각 신의 계시와 말씀, 신의 이성에 따라 세상에 정의로운 질서를 이룩해 주는 것이라고 생각했어."

정리하면 다들 법은 정의의 실현 수단이라고 본 것이로군.

하지만 분명 법이라는 것이 다 그렇지는 않다. 앞서 미술 선생님도 말했지만 오히려 정의를 파괴하는 악법도 많았으니 말이다. 어쨌든 인간이 만든 법에 신의 뜻을 끌어들인 것도 좀 웃기다. 함무라비만 봐도 사실 그런 경우는 대개 인간이 만든 법의 권위를 높이려고 신을 멋대로 갖다 붙인 것에 불과하지 않았던가.

"르네상스 시대 프랑스의 법학자였던 장 보댕과 영국의 홉스는 법이란 주권을 가진 자, 곧 왕이 마음대로 만드는 것이고 왕의 명령이라고 주장했지. 계몽 사상가 루소는 인민들의 의지가 법의 본질이라고 했고, 18세기 독일의 철학자 칸트는 법이란 도덕의 일부로서 사람의 행위를 다스리는 규범이고, 한 개인의 의지가 다른 사람의 의시와 사유롭게 공존할 수 있도록 해 주는 것이라고 정의했어."

악, 점점 어려워진다. 도대체 이게 중학교 2학년짜리한테 할 말이란 말인가? 홉스? 루소? 칸트? 이 아저씨 이성을 잃은 거 아닐까? 쉬운 한국말 놔두고 왜 외계 언어로 이 난리람? 점순이와 나는 마치 짠 것처럼 동시에 비명을 질렀다.

"네?"

"아니 왜?"

하지만 너희들 왜 그러느냐는 듯 동그랗게 눈을 치켜뜬 아저씨의 표정은 천연덕스럽기만 하다.

"좀 어렵나?"

좀 어려운 정도가 아니거든요, 아저씨?

"그렇긴 하겠구나. 그럼 그냥 그런 게 있다는 정도로 알아 둬."

제대로 알아듣지는 못했지만, 대충 종합하면 법이란 신의 뜻이거나 왕의 명령이거나 인민들의 의지의 표현이며, 그 목적은 정의로운 사회 질서를 만드는 것, 이 정도이려나? 그렇다면 우리가 법을 따르고 지켜야 하는 이유는 그렇게 해야만 사회의 정의가 이루어지기 때문이란 소린가? 흠……

"참, 한 사람 빼먹었다. 마르크스라고 아니? 카를 마르크스?"

"마르크스요? 먹는 건가요?"

역시 백치 공주다운 점순이의 반응. 물론 유감스럽게도 나 또한 언젠가 이름만 들어봤을 뿐 그게 누군지, 뭐 하는 사람인지 거의 모르긴 했지만.

"이른바 과학적 사회주의라는 공산주의를 창시한 사람이지. 독일 사람이고."

"어머나, 공산주의요?"

점순이의 호들갑이었지만, 이번에는 내 마음속 반응도 그와 똑같았다.

"하하하."

"왜 웃으세요, 선생님?"

"너희들이 하도 기겁을 해서. 놀랄 거 없어. 다른 거 다 잊고 그냥 150년 전쯤의 대단한 사상가이자 정치가 정도로 생각해."

"그래도 돼요?"

"안 될 게 뭐 있니? 그 사람의 사상도 분명 인류의 소중한 자산인데."

아무래도 내가 질문을 던져야 할 타이밍인 것 같다. 점순이야 쓸데없는 소리나 계속 지껄일 것 같고.

"그 사람도 법을 정의했나 보죠?"

"그렇다고 할 수 있어. 뭐라고 했냐면, 법은 한 사회의 경제 구조와 지배 질서의 표현이고 지배 계급의 뜻일 뿐이다, 이랬지. 말하자면 법이 정의를 추구한다고 하지만 그건 지배 계급이 생각하는 정의에 불과하다는 거야."

오, 놀라워라. 마르크스는 굉장히 과격한 사람이었나 보다. 선생님한테 들은 함무라비 법전의 내용을 보면 분명 그런 면이 있는 것 같긴 한데, 그렇다고 오늘날 우리의 법도 그렇다고 할 수 있을까?

"다시 말하지만 그런 생각도 있다는 정도만 알아 둬."

뭐 그러라니 그렇게 하자. 근데 이 질문을 안 하고 넘어갈 수는 없다.

"선생님 생각은 어떤데요? 법이란 뭐죠?"

"안 그래도 막 얘기하려던 참이다. 나는 대충 이렇게 정의하고 싶어. 한 사회 또는 국가를 이루고 유지하기 위해 만들어진 공적인 규칙으로, 강제성을 가지고 널리, 모든 사람에게 적용되는 것."

히야. 그래도 법대 출신이라 다른 것도 같다. 저렇게 그럴 듯한 말을 하다니. 아무튼 그래서, 법이 바로 저런 것이므로 나로서는 설사 감옥살이를 하게 되더라도 어쩔 수 없는 건가 보다.

"어머, 너무나 확실한 정의 같아요!"

'오빠'에 열광하는 점순이의 모습은 이제 그다지 놀랍지도 않다. 십중팔구 자기 바로 옆의 친구가 고소당할 처지에 있다는 사실조차 까맣게 잊고 있을걸? 뭐 그냥 그러려니 해야지. 백치 공주님께서 오죽하겠냐고.

그건 그렇고, 이 아저씨 지난번에 날 도와주지 못해서 미안해한다고 그러지 않았나?

"저기, 강의 잘 들었는데요, 전 어떻게 되는 거죠?"

"뭐가?"

"저 아무래도 고소당할 거 같은데, 도와준다고 하셨잖아요."

"응? 내가? 언제?"

"못 도와줘서 미안했다고 그러셨다면서요."

"그거야 그랬지. 하지만 도와준다는 얘기는 안 했는데?"

"네?"

"도와줄 건 없고, 너 그냥 사과하면 어떻겠니? 게시판에다 공개 사과."

"무슨 말씀이세요?"

"무슨 말이긴. 내가 볼 땐 네가 분명 잘못했고, 그러니 사과를 해야 하고, 그러고 나면 모든 문제가 풀려."

이게 뭔 날벼락 같은 소리여? 사과하라니, 그놈한테 사과하라고? 별것도 아닌 것 가지고 고소한다고 협박해 댄 건 잘못이 아니란 말인가? 왜 나만 사과를? 그것도 게시판 공개 사과?

"난 이제 수업이 있어서 가봐야 돼. 아이고, 날이 어둑어둑해졌네? 너희들도 얼른 집에 가서 밥 먹어라. 아, 점순이는 수업 듣고 가야지?"

결국 나는 또 한 번 속은 것인가. 아, 법철학인지 밥철학인지 그 지루한 강의를 뭐 하러 꾹 참고 들었던가. 그렇잖아도 어이없고 분한 마음으로 방문을 열고 나가는데 등 뒤에서 명문대 법대 출신 사기꾼이 확인 사살을 해 댔다.

"댓글 한 줄 아무것도 아닌 거 같았지? 근데 그게 네 인생을 바꿔 버릴 거다."

11. 자연법에 호소해 볼까?

거리엔 벌써 가로등이 환하게 켜져 있었다. 가로등 불빛에 비친 누런 은행잎들이 바람에 기운 없이 흔들리고 있었다. 어느새 11월도 3분의 1이 지나갔다. 이미 겨울이 돼 버린 걸까? 옷깃을 스치는 바람이 사뭇 차가웠다.

집으로 가기는 싫었다. 가 봐야 아무도 없을 테고, 난 또 라면이나 끓여 먹겠지. 그렇다고 딱히 어디 갈 데가 있는 것도 아니었다.

'도서관에 가서 법 관련 책이나 더 뒤적여 볼까? 서둘러 가면 한 시간 정도는 책을 볼 수 있을 것 같은데.'

법은 과연 공정한 것일까? 누구에게나 평등한 것일까? 법이란 생각하며 할수록 알 수 없는 것으로 다가왔다.

갑자기 얼마 전에 꾼 꿈이 생각났다. 법의 문은 누구에게나 활짝 열려 있다고 앵무새처럼 떠들어 대던 그 경찰서장은 끝내 그놈의 문을 열어 주지 않았다. 내 돈을 받아먹고도, 그 앞에서 내가 늙어

죽을 지경이 되어도. 그리고 나중에는 내 손에 수갑까지 채웠던가?

그의 말대로 과연 법의 문은 활짝 열려 있을까? 왠지 그것은 나를 고소한다고 난리치는 스파이더맨 같은 놈한테나 열려 있을 것 같은데 말이지.

'그나저나 어쩐다? 창피하고 억울하지만 공개 사과를 해?'

쉽지 않은 문제다. 적어도 내게는 말이다. 그렇게 하고 나면 아마 나는 다시는 그 사이트에 발을 못 붙이게 될 것이다. 망신을 당하고 추방당하는 거라고나 할까. 과연 그 굴욕을 나는 견딜 수 있을까?

사과를 안 하고 처벌도 안 받을 방법이 있으면 좋겠다는 생각이 든다. 내 사정을 알아주고 내 억울한 마음을 달래 줄 법은 없을까? 그 많은 법 중에 말이다.

'가만, 자연법이란 게 있지 않았나? 어디서 봤더라, 그걸?'

자연법이란 영원불변하는 자연의 법칙 또는 모든 인간이 가진 이성의 법칙이라고 했던가? 그래 백과사전에 그렇게 나와 있었지.

'생각났다. 그놈이 보낸 쪽지. 그 망할 놈의 선언문 공격.'

그거였다. 스파이더맨이 적어 보낸 〈인간과 시민의 권리 선언〉 조항 때문에 백과사전을 뒤졌고, 바로 그 항목에서 자연법이 나온 거였다. 선언의 바탕을 이룬 것이 자연법사상과 계몽사상이랬지, 아마?

흠. 형법은 사람이 만든 법률이고 자연법은 그보다 더 보편적이고 근본적인 법이렸다?

'자연법에 대해서 알아보자.'

서둘러 구립 도서관으로 향했다. 빨리 걸으면 10분이면 닿는 곳이다. 배가 조금씩 고파 왔지만 이 정도야 참을 만하다. 어쩐 일인지 안 그래도 요새 오히려 살이 찌는데, 굶으며 걷기 운동까지 하니 다이어트하는 셈 치지 뭐.

점순이네 학교 앞을 지나 시장통 네거리 건널목에서 길을 건너려고 기다리는데 웬 할머니가 다가와 말을 걸었다.

"학생, 내가 하루 종일 굶어서 그런데 천 원만 줄 수 없어?"

노숙자인 듯했다. 행색을 보니 오랫동안 안 빤 듯 꾀죄죄한 외투를 입었고, 역시 더러운 보따리 하나를 등 쪽으로 매고 있었다. 게다가 한 손으로는 무슨 자루 같은 게 가득 실린 초라한 유모차를 끌고 있다.

어찌할까 고민하면서 할머니 얼굴을 봤다. 정말로 밥을 굶었는지 얼굴이 여월 대로 여위었고, 머리카락은 오래 쓴 수세미처럼 정신없이 뒤엉켜 있었다. 분명 도와주어야 할 사람임에는 틀림없었다.

'어떡한다?'

하필이면 지갑에 있는 건 5천 원짜리 지폐 한 장이었다. 그것도 남은 일주일 동안 아껴 쓰고 버텨야 할 돈이었다. 마음속에선 두 가지 소리가 들렸다.

'당장 드려. 넌 그거 없어도 굶지는 않잖아. 엄마 아빠한테 얘기하고 용돈을 다시 받을 수도 있고.'

'너 정신 있는 애니? 너 쓰기도 빠듯한 용돈인데 그걸 생판 모르는 남에게 줘? 거지는 거지가 될 만하니까 된 거라고. 게다가 요즘에 도와주는 데가 얼마나 많은데 노숙자 노릇을 해? 줄 필요 없어. 쓸데없이 고민하지 마.'

그러는 사이 할머니는 다시 불쌍한 표정으로 부탁한다.

"학생, 동전 한 닢도 괜찮아. 불쌍한 늙은이 좀 도와줘."

다행(?)히 지갑에도 옷 주머니에도 동전은 없었다.

"동전이 하나도 없어요. 죄송해요, 할머니."

그러고는 마침 켜진 푸른 신호등에 고마워하며 후다닥 길을 건넜다.

도서관 열람실은 아직 열려 있었다. 게다가 예상한 대로 책을 볼 수 있는 시간이 넉넉히 한 시간은 될 듯했다.

법학 관련 서적이 있는 서가로 가서 법철학이니 법학 개론이니

하는 책들을 찾아 들춰 봤다. 한자투성이인 데다 딱히 도움이 될 만한 내용도 없는 것들이 많았다. 그나마 처음부터 끝까지 도무지 알아먹을 수 없는 외계 언어와 줄줄이 나오는 생소한 철학자들의 이름은 잠깐 시간 들여 자연법을 공부해 보겠다는 순진한 의욕을 그야말로 산산조각 내 버렸다.

'그냥 집에 가서 인터넷 검색이나 더 해 봐야 되나.'

책을 제자리에 다시 꽂아 넣으려고 하나하나 덮다가 문득 짧은 글줄 하나에 눈길이 갔다.

아리스토텔레스는 '자연의 정의'와 '법의 정의'가 언제나 일치하지는 않는다고 주장했다. 그의 주장에 따르면, 자연의 정의는 어느 곳에서나 똑같은 효력을 갖고서 존재하며, 사람들이 어떻게 생각하느냐에 따라 존재하는 것이 아니다. 따라서 실정법에 불만이 있으면 자연법에 호소할 수 있다.

응? 자연의 정의와 법의 정의가 언제나 일치하는 건 아니고, 실정법에 불만이 있으면 자연법에 호소할 수 있다고? 실정법이란 건 인간이 만들어 실제로 적용되고 있는 법을 말하는 거잖아? 이를테면 형법이나 형사 소송법 같은 거.

'그렇다면 나도 자연법에 호소하면 되는 건가? 한국 형법의 명

예 훼손죄에 불만이 있으니.'

그 페이지의 앞부분에는 자연법의 정의와 특성이 알기 쉽게 요약되어 있었다.

자연법이란 사물의 자연 본성에서 이끌어낸 법을 통틀어 부르는 이름이다. 자연법의 특성은 다음과 같다.

보편성: 자연법은 시대와 장소에 관계없이 타당하다.

불변성: 자연법은 인위적으로 변경되지 않는다.

합리성: 자연법은 이성적 존재자가 자기의 이성을 사용함에 의해 인식된다.

내친 김에 다시 바닥에 주저앉아 책장을 넘겨 봤다. 아리스토텔레스에 이어지는 부분의 내용은 이랬다.

반면 스토아학파가 생각한 자연법은 인간의 정신 속에 있는 '올바른 이성' 또는 '로고스'에 따르는 완전히 평등한 법이었다. 그래서 키케로도 '진정한 법은 모든 인간 안에 편재한 영원불멸의 올바른 이성'이라고 했다.

흠, 그렇다면 아리스토텔레스가 말한 자연과 스토아학파(이게 뭔 학파지?)가 말한 자연이 같은 게 아니라는 거네? 아리스토텔레스의 자연은 우리가 흔히 알고 있는 그 자연이고, 스토아학파의 자연은 이성 또는 로고스(이건 또 뭐였더라?)인 듯?

토마스 아퀴나스는 자연법에 관해서 체계적인 사상을 제시했다. 그의 주장에 따르면, 신적인 이성의 영원한 법은 신의 마음속에 있는 그대로가 아니더라도 이미 계시나 우리의 이성 작용을 통해서 부분적으로 알려져 있다. 자연법은 '영원한 법이 이성적인 피조물에 관여한 것'이므로, 자신의 선한 면을 보존하고 '자연이 모든 동물에게 가르쳐 준 욕구'를 채우며 신에 관한 지식을 추구하는 등 인간이 분명하게 정립할 수 있는 교훈들로 이루어져 있다. 따라서 인간의 법은 자연법을 응용한 것이어야 한다.

토마스 아퀴나스면 중세의 신학자던가? 그게 뭔 철학이더라? 아리스토텔레스의 사상을 기독교 신앙과 뒤섞은 거라고 했는데⋯⋯ 스토아는 아니고, 스콜라던가? 암튼 뭐 그런 사람의 주장이라는데, 대충 이해해 보면 자연법은 신의 이성 혹은 신의 뜻이라고 말하는 듯하다. 800년 전쯤의 기독교 신학자라니 이해 못할 일은 아니지만, 어쨌거나 신을 믿지 않는 나로서는 그렇게 공감은 가지 않는다. 몇 페이지인가 넘기다가 다시 눈에 띈 내용은 이것이었다.

인간의 자연 본성을 이성적이라고 이해하는 입장에서 보면, 이성 또한 자연법의 원천이 된다. 특히 이성을 자연법의 원천으로서 독립시킨 것은 근세 자연법론자들이다. 그들은 자연법을 올바른 이성의 명령이라고 정의하고, 신적인 요소를 거기에서 제거해 버렸다. 순전히 이성이 자연법의 원천이라고 할 때는, 자연법은 실정법 이외의 합리적인 법을 의미한다.

근세 자연법론자들이라. 근세라면 언제일까? 근대와 비슷한 시기인가? 암튼 그 시기의 자연법론자들은 자연법이 '올바른 이성의 명령'이라고 생각했다는 얘기로군.

일단 이 얘기들을 종합하면 나는 자연법에 내 불만이나 억울함을 호소할 수 있는데, 그 자연법이란 건 자연의 법칙이거나 이성의 올바른 명령이거나 신의 뜻이네.

"10분 후에 열람실 문 닫습니다. 이제 정리해 주세요."

도서관 사서의 목소리가 울려 퍼졌다. 나는 서둘러 페이지를 넘겼다. 그렇잖아도 어려운 이야기, 복잡한 설명의 연속이어서 더 이상 눈 뜨고 보기도 어려운 판국이었다. 다만 책 말미의 한 대목은 인상적이었다.

법은 국가와 사회 그리고 민중을 제어하는 가장 강력한 시스템이다. 하지만 그건 어느 날 갑자기 생긴 것이 아니며, 그 당위성은 인간 자신에게서 올 수도 없었다. 자연법사상은 법의 보편성과 항구성을 결국 인간의 외부인 자연과 신에게서 찾고자 하는 끝없는 노력이라고 할 수 있다.

블로흐는 자연법이 만인의 자유와 평등을 지향하는 법 유토피아라고 규정하면서도, 그동안의 실정법들이 민중을 위한 자연법의 당위를 획득하지 못했다고 비판한다. 계급 차이가 존재하는 한 실정법은 언제나 권력의 편이었기 때문이다.

법은 모든 인간이 자유롭고 평등하다고 선언했지만, 그리스에서는 시민만이 인간일 뿐 노예와 여자는 그에 속하지 못했다. 로마법은 채권법에 바탕을 둔 성문법으로서 채무자에 대한 채권자의 권리를 옹호하는 것이 목표였다. 또한 하늘이 내린 인권이라는 자연법은 그것을 누리는 주체에 따라 매우 다르게 해석되어 왔다.

에른스트 블로흐라는 철학자의 주장을 소개하는 부분이었다. 꽤나 어렵지만, 내 나름대로 대충 이해하면 지금 실정법들이 자연법 정신을 제대로 실현하지 못했다는 얘기인 것 같다. 그리고 권력을 가진 사람들이 자기들의 이익을 위해 자연법을 멋대로 이용했다, 이 정도?

아무튼 이분도 현실에서 제 역할을 못하는 법들을 자연법 정신으로 바로잡아야 한다고 생각하나 보다. 하지만 내가 궁금한 건

이거다. 그 정의로운 자연법의 도움을 받으려면 어떻게 해야 하는 가. 자연의 법칙이든 이성의 명령이든, 혹은 신의 뜻이든, 도대체 누가 그걸 실행하는가. 그리고 만약 그런 일을 하는 사람도, 제도도 없어서 실제로 자연법의 도움을 받을 가능성이 전혀 없다면 그런 게 있다 한들 무슨 소용이란 말인가.

"곧 문을 닫습니다. 서둘러 정리하고 나가 주세요."

사서 아줌마의 목소리는 좀 전보다 훨씬 쩌렁쩌렁해졌다.

책을 다 서가에 꽂고 마지막으로 한번 훑어봤다. 각종 법학 서적들이 즐비하다. 법학 개론부터 헌법, 민법, 형법, 민사 소송법, 형사 소송법, 노동법 등등. 처음 들어 보는 법 이름도 있었다. 가령 로마법, 게르만법, 영미법, 국제법 같은 것들. 그중 참 특이하다 싶은 게 하나 있었는데, 바로 '사회법'이었다.

국가법도 아니고 사회법이라. 저건 도대체 뭔 법일까? 궁금해서 그 이름이 적힌 책을 얼른 뽑아 펼쳐 보았다. 페이지를 후다닥 넘기며 사회법의 정의를 찾아보았다.

사회 공공의 이익을 실현하기 위한 법으로, 소유권의 절대성, 계약 자유의 원칙, 과실 책임주의 등을 기본 원리로 하는 근대 시민법을 수정하는 의미를 가지는 법이다.

근대 시민법이라 하면 근대 시민 혁명의 결과로 탄생한 법 아닌가. 그런데 그것을 수정한 법이라고? 혹시 거기에도 자연법의 영향이 있는 건 아닐까?

사회법은 인간다운 생활의 보장을 위한 법이다.

근대 자본주의 국가에서는 개인의 경제 활동의 자유로운 보장을 위해 국가는 치안과 국방 유지 등 최소한의 역할만 하는 소극적 국가가 바람직한 정부의 역할이었다. 산업 혁명 이후 사람의 생활은 풍요로워졌지만 부익부 빈익빈 현상, 비참한 노동 조건, 극심한 계급 대립, 환경 오염 같은 사회 문제가 나타났다. 그리하여 인간의 최저 생활을 보장하기 위해 정부가 직접 개입하여 사회적 약자를 보호하고 사회 갈등을 해결해야 했다. 이 과정에서 등장한 것이 사회법이다.

근대 자본주의 국가에서는 정부가 빈부 격차나 노동 문제, 환경 오염 같은 걸 그냥 구경만 하고 있었다는 얘긴가? 헐, 그게 무슨 정부람?

프랑스 인권 선언의 '소유권의 신성불가침' 규정이 개인 중심적 사법 원리의 상징이라면, 제1차 세계 대전 직후인 1919년에 제정된 바이마르 헌법의 "소유권은 의무를 수반한다."라고 한 것은 사회법적 원리를 내포하는 것이다. 또한 프랑스 인권 선언 제1조 이하가 추상적인 '자유·평등'을 내세운 것이라면, 바이마르 헌법 제15조가 '인간다운 생활'을 보장한 것은 사회법적이다.

그렇군. 근데 바이마르가 뭐여? 바이마르 공화국이라는 말을 들어본 것 같긴 한데, 그렇다면 바이마르 헌법은 바이마르 공화국의 헌법? 그렇다고 치고, 바이마르 공화국은 어디에 있는 나라일꼬?

사회법으로는 노동자의 보호를 위한 노동법, 인간다운 생활을 보장하기 위한 사회 보장법 등이 있다. 노동자를 위한 노동법에 노동 3권이 보장되어 있으며 최저 임금제를 두어 법적으로 최저 임금을 정해 놓았다. 또한 노동자도 자유롭게 노동 단체를 결성할 수 있고 사용자에 대해 정당한 권리를 주장할 수 있다. 이 외에도 노후 보장을 위한 국민 연금법, 국민 건강 보험법, 산업 재해 보상 보험법 등이 있다.

아하, 건강 보험 제도, 국민 연금 제도 같은 사회 보장 제도가 바로 사회법 덕분에 생긴 거로구나. 한마디로 사회법이란 누구나 실제로 인간다운 생활을 누릴 수 있도록 국가가 나설 것을 정한 법인가 보다. 그게 처음 등장한 것은 1919년 바이마르 공화국에서였고 말이다.

"학생! 그만 나가! 열람 시간 끝났어!"

에고 깜짝이야. 나가요, 나갑니다.

바깥은 아까와 딱히 다를 게 없었다. 가로등 불이 환하게 켜진 길, 역시 환한, 지나치게 환한 가게 진열창들, 라이트를 켜고 휙휙 달려가는 자동차들…….

다시 시장통 네거리에 왔다. 도서관에서 나온 아이들로 시끌벅 쩍했다. 여기서 점순이네 학교 반대쪽으로 길을 건너면 집으로 가는 길이다.

네거리에서 점순이를 떠올리니 불현듯 〈네거리의 순이〉라는 시가 떠올랐다. 인터넷에서 봤던가? 하여간 내용은 잘 생각이 안 나는데 시인 이름과 시의 제목이 모두 독특해서 그것들만 아직도 기억하고 있다. 시인의 이름은 임화다.

'그 순이의 본명이 혹시 점순이 아녀? 크크.'

건널목에 잠시 멈춰 섰다. 신호등이 아직 빨간색이었기 때문이다. 갑자기 도서관 가는 길에 만났던 노숙자 할머니가 떠오른 건 아무 생각 없이 신호등을 지켜보고 있었을 때였다.

'그냥 5천 원짜리를 줄 걸 그랬나.'

사실 도서관 가는 내내 마음이 개운하지 못했었다. 그깟 5천 원, 다음 주에 용돈 받으면 복구되는 건데, 할머니가 정말로 못 견디게 배가 고파서 그런 것 같던데…….

이쪽저쪽 둘러봤지만 할머니는 보이지 않았다. 누가 돈을 주긴 했을까? 수많은 사람들이 지나는 곳인데 설마 한두 사람이라도 주긴 했겠지. 아니, 아니지. 아까도 그 많은 사람들이 눈길조차 안 주던데. 당장 나도 그냥 가 버렸잖아?

그 할머니도 인간이니 분명 '인간다운 생활'을 할 권리가 있을 것이다. 설령 게으르거나 무능력해서 그런 생활을 하는 거라 쳐도. 정부는, 국가는 사회법에 따라 그 할머니를 도와야 할 의무가 있을 테고. 추운 날씨에 밥도 제대로 못 먹고 집도 없이 떠돌아다니는 건 분명 인간다운 생활과 거리가 멀다.

뚜두두. 뚜두두.

시각 장애인을 위한 음향 신호기가 울렸다. 어느 사이에 신호등이 푸른색으로 바뀌어 있었다. 아마 저 장치도 사회법 덕분에 설치되었을 것이다. 아, 바이마르 헌법 정신이라고 해야 정확한 건가? 아니다, 어쩌면 그것이야말로 자연법의 목적인 보편적 정의인지도 모르겠다.

횡단보도를 건너는 발걸음이 무겁기만 했다. 몸도 마음도 축 처지고, 생각은 점점 더 나약해져 갔다.

'그냥 사과를 하고 끝내 버릴까 보다.'

그게 나을지도 몰랐다. 자연법도 현실적인 도움을 주지 못하는 마당에. 게다가 내가 한 짓이 오히려 자연법에 어긋나는 게 아니

눈바람 찬 불쌍한 도시 종로 복판에 순이야!
너와 나는 지나간 꽃피는 봄에 사랑하는 한 어머니를
눈물나는 가난 속에서 여의었지!
- 임화, 〈네거리의 순이〉 중에서

냐는 생각도 자꾸 들었다. 실정법에 불만이 있어도 그 불만이 타당하지 않은 것이라면 자연법에 호소할 여지도 없지 않겠는가.

보도 위에 누런 은행잎들이 팽개쳐져 있었다. 오가는 사람들의 발길에 채이고, 바람이 불면 하릴없이 이리저리 굴러다니는 꼴이 여간 불쌍해 보이지 않는다. 그러면서도 나는 일부러 그것들을 꾹꾹 밟으며 걷고 있었다. 하하.

핸드폰이 울렸다. 주머니에서 꺼내자 〈가브리엘의 오보에〉가 제법 우아하게 울려 퍼졌다. 아빠였다.

"우리 딸, 아직 집에 안 왔네?'

"지금 가는 중이야."

"미술 학원 갔다 왔니?"

"아빠가 그걸 어떻게 알아?"

"어? 아, 그게, 오다가 우연히 점순이를 만났어. 걔가 그러던데? 너하고 같이 미술 학원에 갔다고."

망할 계집애. 그걸 시시콜콜히 말할 건 뭐야.

"너 요즘에 미술에 관심 있니?"

아이고, 그럴 리가 있겠습니까요, 아버님.

"아냐."

"그래? 아무튼 얼른 와라. 아빠가 저녁 차려 줄게."

"뭐 해 줄 건데?"

"맛있는……."

"라면?"

"어떻게 알았니?"

어떻게 알긴요, 아버님. 본래 하실 줄 아는 요리가 라면밖에 없잖아요, 참 나.

"근데 아빠, 오늘은 안 궁금해?"

"뭐가?"

"경찰서에서 연락이 왔는지 안 왔는지."

"안 궁금할 리가 있니. 그래서 오자마자 우편함 살펴봤는데 아무것도 없더라?"

"아버님께서 실망이 얼마나 크셨을까요."

"어허, 실망이라니. 그런데 너 그거 아니? 출석 통보서는 등기로 와."

"등기?"

"그래. 너나 엄마, 아빠가 직접 받아야 한다는 얘기지."

"뭐라고? 하지만 낮에는 집에 아무도 없는데?"

"그러면 우체부 아저씨가 스티커를 붙이고 가잖아. 언제 다시 방문한다거나 우체국으로 오라거나."

누가 '고소 전문가' 아니랄까 참 빠삭도 하시네.

"그나저나 얼른 와라. 떡라면 맛있게 끓여 줄게."

알았다고 건성으로 대답하고 전화를 끊었다. 아까보다 더 가기 싫었지만, 어쩔 수 없이 집으로 발걸음을 옮겼다. 초겨울 바람이 여전히 매섭다.

12. 오기

역시 그놈의 쪽지가 와 있었다.

> **스파이더맨 님의 쪽지:**
>
> 법 공부 많이 하셨겠죠?
> 문제 몇 개 내 볼게요.
> 히틀러가 어긴 법은 무엇일까요?
> 박정희는요?
> 그리고 김일성은요?

이제 별 고민도 하지 않는다. 왜 이런 쪽지를 보냈는지. 그냥 약 올리려고 보냈겠지, 뭐. 입장 바꿔 보면 그놈이야 얼마나 신나겠는가. 댓글 싸움 끝에 열 받아서 욕설 퍼붓게 만들고 그걸 빌미로 고소한다고 협박하고, 그 소리에 기죽은 상대방에게 때 맞춰 약 올리는 쪽지나 슬슬 보내고…….

히틀러? 박정희와 김일성? 내가 알게 뭐야. 널리 알려진 역사적 악당들이니까 당연히 법 어기기를 밥 먹듯이 했겠지. 그런 마당에 굳이 어떤 법을 어겼는지 알아서 뭐하겠느냐고. 저들과 관련해서 궁금한 게 있다면 단 하나, 왜 요즘도 저 사람들을 찬양하는 사람들이 제법 있느냐 하는 것이다.

'내가 배운 상식하고 그 사람들이 아는 상식이 다른가?'

만약 그렇다면 왜 나는 내가 아는 걸 상식이라고 여기고, 그 사람들은 또 자기들이 들은 것 혹은 생각하는 것을 상식이라고 믿을까? 아니 근데, 도대체 상식이라는 건 뭐야? 어떤 생각이나 믿음이 상식인지 아닌지는 누가 혹은 무엇에 의해 결정되는 거지?

국어사전을 열어 봤다.

상식常識

사람들이 보통 알고 있거나 알아야 하는 지식. 일반적 견문과 함께 이해력,
판단력, 사리 분별 따위가 포함된다.

그렇단다. 하지만 내 궁금증을 푸는 데는 아무런 도움도 안 된다. 문제는 "보통 알고 있거나 알아야 하는 지식"이 도대체 무엇

이냐니까.

'자연법이라는 것도 결국은 상식을 토대로 하고 있는 거 아냐?'

그러고 보니 그런 것도 같다. 자연의 법칙이건, 신의 뜻이건, 아니면 이성의 명령이건. 모든 게 결국은 그 시대의 상식으로 여겨진 것들이 아닐까? 그렇다면 자연법을 따르라는 건 상식대로 하라는 말? 흠흠.

"영심아, 밥 먹자!"

방 밖에서 아빠가 부른다. 떡라면을 끓인 게 분명한데 밥을 먹자고 부른다. 밥은 밥이고 라면은 라면인데 라면을 끓여 놓고 밥 먹자고 부르는 건 상식에 어긋나는 일임에 틀림없다. 하지만 순순히 나갔다. 배고프면 뭔가 먹어야 하는 것도 상식이므로.

"어때, 맛있지?"

"응. 근데 아빠, 라면은 밥이 아니잖아?"

"아니긴 왜 아냐. 꼭 쌀이나 보리를 삶은 것만 밥이라는 편견을 버려."

"편견?"

"사전에서 찾아봐라. 밥에는 한 가지 뜻만 있는 게 아냐."

"라면도 밥이라는 뜻이 있다는 거야?"

"그렇진 않은데, 끼니 때 먹는 음식을 그냥 밥이라고도 하거든?"

"정말?"

"아빠 말 못 믿어?"

큭. 솔직히 말하면 아빠 말은 잘 못 믿겠다. 이따가 직접 사전을 열어 봐야지.

"근데 영심아, 너 어떡할래?"

"뭘?"

"고소 말이야."

"아직 아무 연락도 없잖아."

"그러니까 연락 오면 어쩔 거냐고."

새삼스럽게 왜 이러실까. 내가 고소당한 게 즐겁냐며 짜증 내고 큰소리쳐 대니 그래도 좀 미안해하는 걸까? 아니면 그냥 친아버지인 척하려고?

"그냥 내가 알아서 할게."

"글쎄, 그럴 수 있을까?"

"그럴 수 있으니 어서 라면이나 드세요."

아빠는 아 그래야지, 하는 표정을 짓고는 라면 몇 가닥을 후루룩 빨아들였다. 그리고 쌀떡을 두어 개 집어 먹은 뒤, 다시 말을 건다.

"아빠가 고소 전문가로서 하는 말인데, 아무래도 사과를 하는 게 나을 거 같다."

"왜?"

"그야 일단 네가 잘못했고……."

"아빠, 내가 잘못이 없다고 생각은 안 해. 하지만 그놈한테도 책임이 있잖아. 나를 약 올리고 별것도 아닌 거 가지고 고소한다고 난리 치고."

"에이."

갑자기 아빠가 몸을 뒤로 확 젖혔다. 그러고는 얼굴을 비스듬히 기울인 채 말도 안 된다는 듯 히죽 웃었다.

"어쨌든 네 잘못이 훨씬 크지."

갑자기 라면 맛이 확 떨어지는 것 같았다. 그래도 우리 아빤데, 설사 내 말이 틀렸더라도 내 편 좀 들어 주면 안 되나? 적어도 가족끼리는 그게 상식 아닌가?

고소 얘기는 더 이상 안 하는 게 정신 건강에 좋을 것 같았다. 그래서 아무래도 난감해할 것 같은 질문을 던졌다.

"근데 자연법이 뭐야?"

아빠의 눈이 똥그래졌다. 아마 이게 무슨 뚱딴지같은 소리냐고 경악하는 중인 것 같았다.

"시민운동가가 자연법도 몰라?"

"모르긴. 알지만 설명해 줘도 너는 잘 모를 거야."

"일단 설명부터 해 주세요, 시민운동가님."

"그러니까 쉽게 말하면……."

"쉽게 말하면?"

빈 젓가락을 든 채 눈만 깜빡거리는 불쌍한 우리 아빠.

"자연이 뭐겠니. 그야말로 야생의 자연, 인간의 손이 닿지 않은 세계를 말하는 거잖아."

"그래서?"

"그런 자연을 본받은 자연스러운 법을 말하는 거지."

"정말?"

"정말이 아니면 내가 네 아빠가 아니다."

이로써 친아빠가 아닌 게 사실로 밝혀졌구나. 엉엉.

"그럼 자연법론이라는 건 또 뭔데?"

물론 방금 전에 백과사전에서 그 항목을 읽어 본 나는 대충 의미를 알고 있다. 덕분에 자연법을 '쉽게' 설명해 준 아빠가 얼마나 법철학에 무지한 시민운동가인지 깨달은 상태였다. 그래서 궁금했다. '자연법론'은 또 얼마나 '쉽게' 설명해 주실지. 일단 한 백과사전에 실린 요약 설명은 '인간이 만든 실정법에 대하여 그보나 더 높은 차원의 판단 기준인 자연법이 존재한다고 주장하는 이론'이다.

"우리는 자연의 법칙을 본받아야 한다, 이런 주장을 말하는 거지. 예를 들면 루소는 '자연으로 돌아가라.'라고 했잖아."

크흑. 물론 아주 틀린 건 아니다만.

"그럼 루소도 자연법을 주장한 사람이야?"

"당근이고말고."

사실 이건 아직 잘 모르겠다. 잠깐 공부한 바로는 루소도 어쨌든 자연법론자이긴 한 것 같은데. 더 좀 알아봐야 할 필요는 있다. 가만, 근데 내가 왜 이리 학구적이 됐담? 사실 그럴 필요까진 없는데. 급한 건 고소 대책을 세우는 거 아닌감?

"그건 그렇고, 아빠가 스스로 고소 전문가라니까 물어보는 건데, 경찰이 불러서 가면 난 어떻게 되는 거야?"

"그야, 조사를 받겠지. 고소한 사람, 곧 고소인이 고소장에 적은 내용이 사실인지 확인하는 거지."

"그래?"

"네가 경찰에 불려 갔다는 건 고소인인 스파이더맨이 이미 조사를 받았다는 걸 뜻해. 따라서 너는 그 사람이 진술한 다른 내용에 대해서도 네 의견을 진술해야 하지."

"그리고?"

"만약 중요한 사실에서 서로 의견이 다르면 고소인과 대질 신문을 받을 수도 있고."

"대질 신문?"

"그거 몰라? 고소인과 마주 보는 상황에서 조사를 받는 거지."

그걸 모를 리가. 영화나 드라마에서 수십 번은 들은 말이고, 인터넷 검색으로도 몇 번이나 접한 용어다. 사실 고소 사건 진행 과정 또한 웬만큼은 안다. 그러면서도 아빠에게 굳이 물어보는 건 어쩌면 그러면서라도 조금이나마 위로를 받거나 두려움을 덜고픈 심정에서일 것이다.

"조사가 끝나면?"

"고소인인 스파이더맨의 진술과 너의 진술을 반영하여 경찰 수사관이 신문 조서라는 걸 꾸미지. 고소 사건의 정확한 내용을 적고 거기에 조사에 따른 자기 의견을 덧붙여 검찰청에 보내. 그러면 그걸 검찰청의 담당 검사가 검토하여 기소를 할지 말지 결정하게 되고."

검사가 기소를 하면 나는 재판을 받게 된다. 이른바 법정에 서게 되는 거다.

"아빠가 보기에는 어때?"

"뭐가?"

"검사가 기소할까?"

"글쎄, 네가 끝내 잘못을 인정 안 하고 사과를 하지 않는다면 아마 그러지 않을까?”

“만약 사과하면?”

“그러면 네가 나이도 어리고 하니 기소까지 하진 않을 거야. 신문 조서가 가기 전이라면 경찰 아저씨가 화해하라고 권할 테고, 어쩌면 그 이전에 스파이더맨이 고소를 철회할 수도 있고.”

아……. 사과할까? 엄청난 굴욕이고 ‘쪽팔림’이지만 그래도 기소를 당하는 것보다야 낫지 싶은데.

“정말 그놈이 그럴까?”

“십중팔구 그럴 거다. 아빠가 너한테 사과를 권하는 건 전문가로서 그런 게 딱 보이니 그런 거야. 눈 딱 감고 공개 사과 한번 해 봐. 모든 게 해결될 테니.”

마음이 심하게 흔들렸다. 아, 정말 어쩐다?

“좀 생각해 볼게.”

그래도 쉽게 굴복하고 싶진 않았다. 최대한 버티다가 못 이긴 척하고 사과하는 거, 이게 최선, 아니 최선의 최선이겠지 싶었다. 게다가 아직 자연법이나 기본권 따위에 기대 볼 여지가 있는지도 모르는 일이다.

얼른 방에 들어가 또 쪽지가 왔나 확인이나 해 봐야겠다.

“아빠, 설거지 좀 부탁할게.”

"무슨 소리? 상은 아빠가 차렸으니 설거지는 네가 해야지."

"아빠! 내가 지금 설거지할 상황이 아니잖아?"

"왜?"

"왜라니! 나 고소당해서 경찰서에 끌려가잖아!"

"그건 그거고 이건 이거지."

세상에. 정말 너무한 거 아닌가? 어떻게 어린 딸내미가 경찰에 불려가 조사를 받게 될 상황인데 저런 말을 할 수 있담? 정말 '쿨'한 아버님이시네.

"하여간 나 설거지할 기분 아니고, 방에 들어가야 하니까 아빠가 알아서 하세요. 난 준비해야 할 게 많다고요."

"그럼 한 가지만 약속해라."

"뭘?"

"스파이더맨한테 공개 사과 하겠다고."

"생각해 본다고 했잖아."

"얼른 약속해라."

"아빠!"

갑자기 참을 수 없이 화가 나서 도끼눈을 뜨고 아빠를 노려봤다. 하지만 아빠는 눈 하나 깜짝 않는다.

"약속해."

"안 해!"

그러고서 방으로 들어와 버렸다. 사과하고 싶은 마음이 마치 게 눈처럼 쏙 들어가 버렸다.

"어떻게 그렇게 윽박지를 수가 있담?"

혼잣말을 하며 잠시 씩씩거리고 모니터를 살펴봤다. 하지만 새로 뜬 쪽지는 없었다. 오랜만에 게시판이나 둘러보려다가 왠지 문득 생각나, 아까 온 쪽지를 다시 한 번 읽어 봤다.

'히틀러, 박정희, 김일성이라…….'

생각해 보니 궁금하기는 했다. 최악의 독재자로 꼽히는 사람들인데 막상 뭔 짓을 해서 그런지 나는 잘 모른다. 하물며 그들이 무슨 법을 어겼는지는.

인터넷 검색을 해 봤다. 자료가 하도 많아서 몇몇 상세한 자료만 골라 보는 데도 한 시간이 넘게 걸렸다. 두 시간이 넘게 이런저런 글과 사진을 보고 난 뒤 얻은 결론은, 히틀러는 흔히 알려진 것과 다를 바 없이 극악한 독재자였다는 것이었다.

그는 어떻게 독재자가 될 수 있었을까? 전쟁, 그러니까 제1차 세계 대전 뒤의 극심한 혼란과 세계 대공황으로 인한 비참한 상황을 틈타서였다. 그 와중에 독일 정치가들의 무능과 어리석음, 착각에 힘입어 유력한 정치가가 되었고, 경제적 고통과 국가적·민족

적 절망감에 시달리던 독일 국민들을 선동하고 유혹해 자신의 당인 나치당을 제1당으로 키웠다.

하지만 그런 엄청난 성공을 이용해 히틀러 무리가 한 짓은 사상과 언론, 교육, 예술 등을 감시하고 통제하며, 반대 정당들과 세력들을 무자비하게 탄압하는 것이었다. 그들의 손아귀에서 독일은 일당 독재 국가, 극우 전체주의 국가로 전락했다.

어이없는 사실 하나. 그런 히틀러와 나치당의 독재를 가능하게 한 또 하나의 요인은 그 무렵 세계에서 가장 민주적이던 독일의 정치 체제였다. 그리고 그 정치 체제가 바로 바이마르 헌법으로 유명한 바이마르 공화국이었다.

'공화국'은 짐작컨대 한국에서 제1공화국이니 제5공화국이니 할 때의 그 의미인 듯하다. 바이마르란 이름이 붙은 것은 헌법이 바이마르란 도시에서 만들어지고 그 헌법을 토대로 성립한 공화국이어서라고.

바이마르 헌법은 1918년 독일 혁명의 선물이었다. 혁명으로 독일 최초의 공화국이 탄생하고 그 이듬해 여성들도 참여한 보통·평등·직접·비밀 선거로 구성된 국민 의회가 제정한 게 비로 그것이있으니까.

히틀러는 그 헌법과 정치 제도를 이용하여 합법적으로, 그러니까 폭동이나 쿠데타를 통하지 않고서도 무지막지한 독재 권력을 거머쥐었다. 다시 말해 권력을 얻는 과정에서 법을 어기는 일 따위는 없었다는 얘기. 총리 자리에 오르고 나중에 대통령의 권한까지 독차지하여 '총통'이 된 것, 그리고 심지어 헌법마저 짓밟고 삼권 분립 등 민주주의의 핵심 가치들을 쓰레기통에 처넣어 버린 것조차 모두 합법적이었다.

아무리 그래도 어떻게 그럴 수 있었느냐고? 그렇게 훌륭한 법이 있는 나라에서? 웃기지만 그 빌미가 된 게 다름 아닌 그 훌륭한 법이었고, 거기에는 이런 악명 높은 조항이 있다.

바이마르 헌법 제48조 2항

제국 대통령은 독일 제국 내에서 공공의 안녕과 질서에 중대한 장애가 발생하거나 발생할 우려가 있을 때에는 공공의 안녕과 질서를 회복하기 위해 필요한 조치를 취하며, 필요한 경우에는 병력을 사용할 수 있다. 이 목적을 위하여 대통령은 잠정적으로 제114조, 제115조, 제117조, 제118조, 제123조, 제124조 및 제153조에 규정된 기본권의 전부 또는 일부를 정지할 수 있다.

바이마르 헌법이 유명한 데는 다 이유가 있다. 한마디로 그때까지 인류가 만들어낸 헌법 중에서도 가장 진보적이었던 거다. 예컨대 언론·집회·신앙·양심의 자유 같은 기본권과 의무 교육, 사회 보장제, 노동력 보호 등을 국민에게 보장하며, 근대 헌법 사상 처음으로 소유권의 사회성, 재산권 행사의 공공성, 인간다운 생활을 할 권리를 규정했다. 너무 어려운 얘긴가? 사실 말하는 나도 아주 정확히는 모른다. 아무튼 바로 그 때문에 20세기 현대 헌법의 모범이 되었다나 어쨌다나.

하지만 1933년 히틀러와 나치당이 권력을 쥐면서 그야말로 허수아비 헌법이 돼 버렸다. 아니 차라리 히틀러의 도우미가 돼 버렸구나. 물론 그게 꼭 바이마르 헌법의 책임은 아니었고, 히틀러 한 사람만의 짓도 아니었다. 히틀러와 나치당이 필요해서 그 무리의 망나니짓을 수수방관하거나 응원한 사람이나 세력이 많았으니까.

당시 독일 대통령이었던 힌덴부르크는 아마 그들의 대표쯤 될 것이다.

1933년 제국 의회 건물 방화 사건, 말하자면 독일의 국회 의사당쯤 되는 건물에 한 공산주의자가 불을 지른 사건이 벌어지자, 그는 히틀러 무리가 제출한 '국민과 국가 보호를 위한 법'에 냉큼 서명했다. 그건 언론·집회·재산·개인적 자유의 법적 보호를 일시적으로 모두 중단하고, '테러리스트', 곧 공산주의자로 의심뇌는 사람들을 마음대로 체포할 수 있게 하는 악법이었다. 그럼에도 그 법은 헌법 규정에 어긋나지 않았고, 힌덴부르크의 서명은 합법적이었다. 바로 제48조 2항 덕분이었다.

공산주의자의 방화 사건은 '공공의 안녕과 질서에 중대한 장애가 발생하거나 발생할 우려가 있을 때'라고 선전하기에 안성맞춤이었고, '공공의 안녕과 질서를 회복하기 위하여 필요한 조치를 취할' 권력을 히틀러 무리에게 줄 좋은 구실이었다. 좌파 정당 및 세력과 혁명을 두려워한 보수 세력들에게는 말이다.

독일은 곧 무법천지가 돼 버렸다. '갈색 셔츠단', 곧 나치 돌격대는 법이 공포되자마자 법정에 쳐들어가 유대인 변호사와 판사를 쫓아냈고, 좌파 신문사와 사무실을 약탈했다. 하지만 아무도 저항할 수 없었다. 경찰이나 사법부 같은 국가 기관의 도움을 받을 수 없었기 때문이다.

무기를 든 폭력배들이 법의 이름으로 법원과 방송국에 쳐들어가 난동을 부리고 마음에 들지 않는 사람들을 골라 마구 패서 몰아내는 상황, 그나마 경찰을 불러도 오지 않고, 와도 팔짱을 낀 채 구경만 하는 광경은 생각만 해도 끔찍한 것이었다.

히틀러는 거기에 만족하지 않고 입법부의 권한을 행정부가 가질 수 있게 하는 법을 준비했다. 그건 다시 말해 히틀러의 행정부가 의회나 대통령을 거치지 않고 멋대로 법을 만들어 국가를 통치하겠다는 얘기였다.

바이마르 헌법에 따르면 입법부의 권한을 행정부로 넘기기 위해서는 국회의원 3분의 2가 동의해야 했다. 하지만 나치당 의원의 수는 3분의 1밖에 안 됐다. 히틀러는 대통령 힌덴부르크에게 새로운 선거를 요구하고 1933년 3월 5일 선거를 치렀다. 나치당에 반대하는 독일 공산당은 이미 의회에서 쫓겨난 상황이었다.

나치당의 의원 수는 여전히 절반에 못 미쳤지만 법은 결국 통과됐다. 어떻게? 그나마 좌파 정당인 사회 민주당이 격렬하게 반대했지만, 다른 정당들, 가령 민족주의 정당이나 가톨릭 정당이 기꺼이 찬성표를 던졌기 때문이다.

결국 독일 국민들은 몇 년 뒤 제2차 세계 대전의 구렁텅이에 빠

지고 말았다. 선거에서 히틀러와 나치당을 선택한 이들은 전체 유권자의 반도 안 됐는데. 말하자면 반이 훨씬 넘는 사람은 히틀러와 그 일당의 정치를 지지하지 않았음에도 헌법 정신 유린과 유대인 학살 및 침략 전쟁에 동원된 셈이다.

아마도 법이란 게 그런 것일 터이다. 평화도 만들고 전쟁도 만들고, 사람을 살리기도 하고 죽이기도 하고. 이런 걸 양날의 검이라고 하던가? 그렇다면 중요한 건 결국 사람? 어쨌든 누가 만들고 누가 이용하느냐에 따라 법이 초래하는 결과는 천지 차이가 되는 것 같다.

'그래서 자연법이란 게 있는 거겠지.'

예컨대 헌법이 무용지물이 된 히틀러의 나치 독일 치하에서 독일 민중이 기댈 것이라곤 자연법적인 저항권밖에 없었을 거다. 그리고 그 저항권의 다른 이름은 혁명권이다. 백과사전의 정의에 따르면, "기본권을 침해하는 국가의 공권력 행사에 저항하는 개인 또는 국민의 권리"이다. 당연한 얘기겠지만, 미국 독립 혁명과 프랑스 혁명의 중요한 근거 가운데 하나가 바로 이 저항권이었다고 한다.

엄연히 현실의 법, 곧 실정법이 있는데도 자연법에 의지하게 되는 건 왜일까? 아마도 실정법이 인간의 자유와 평등, 평화 같은 보편적인 가치를 충분히 보장하지 못하기 때문일 것이다. 하지만 그렇다면, 그건 또 무엇 때문일까? 인간의 한계? 인간의 이성이 불완전해서? 혹은 인간 세상이 합리적이지 못해서? 필시 그 모두가 이유가 될 것이다.

실정법의 목표는 결국 자연법이 되어야 하는 거 아닐까? 어찌됐든 법을 만드는 목적은 사회 정의의 실현일 테니까. 물론 그 정의가 무엇이냐가 또 문제이긴 하겠다. 그것을 해결하여 끊임없이 모범 답안을 내야 하는 것이 정치겠지. 또 그런 정치를 누구나 납득할 수 있을 만큼 최대한 올바로 이끌어가는 것이 바로 민주주의일 테고.

'오매, 내가 이런 생각을 다 하다니! 나 천재인 거 아냐? 큭.'

아, 한 가지 빼먹을 뻔했다. 바로 칼 슈미트라는 나치 독일의 법학자다. 그의 주장에 따르면, 법과 정치 질서는 오직 주권자의 정치적 결단에 의해 정당화된다. 어떤가? 과연 히틀러의 사랑을 받을 만하지 않은가. 주권자는 '국민'이라지만, 정치 지도자는 그 국민을 대표하는 사람이라고 하면 그만이니까. 그래서 칼 슈미트는 '나치의 계관 법학자'라는 조롱 섞인 별명을 얻었다.

'계관 시인이란 말에 빗댄 거겠지? 나치의 월계관을 쓴 법학자라……. 큭.'

내가 너무 히틀러에 몰두했나? 박정희와 김일성은 관심도 두지 않고 있었다. 스파이더맨의 새 쪽지가 모니터 화면에 뜬 건 겨우 백과사전을 뒤져 박정희 항목을 열었을 때였다.

> **스파이더맨 님의 쪽지:**
>
> 안녕? 저는 오늘 형법 제312조 2항을 보고 있답니다. 바로 이런 내용이에요. ^^
>
> "제307조와 제309조의 죄는 피해자의 명시한 의사에 반하여 공소를 제기할 수 없다."

흠, 그래? 제307조면 명예 훼손죄 규정이고, 제309조는 어디 보자……. 출판물 등에 의한 명예 훼손죄 관련이군. 조문의 의미는 피해자가 처벌을 안 하겠다고 하면 검사가 재판을 청구할 수 없다는 것이니, 요컨대 처벌을 받기 싫으면 너한테 사과하고 빌라는 뜻인가?

'사과라, 결국 아빠 말이 맞는 건가? 공개 사과만 하면 모든 게 해결된다 이거지…….'

다시 백과사전을 화면에 띄웠다. 그리고 박정희 항목의 요약 설명을 소리 내어 후다닥 읽었다.

"한국의 군인이며 정치가. 사범 학교를 졸업하고 보통 학교 교사를 하다가 만주 군관 학교와 일본 육사를 졸업하고 만주군 중위가 되었다. 해방 후 한국군 소장이 되어 5·16 군사 정변을 주도……."

다시 스파이더맨의 쪽지가 떴다.

스파이더맨 님의 쪽지:

게시판 최다 조회 글을 한번 보세요.^^

쪽지를 꺼 버리고 다시 백과사전을 읽었다.

"1963년 제5대 대통령이 되어 경제 개발을 단행하였고, 국가 발전의 기틀을 마련하였다. 1967년 재선된 후 장기 집권을 위하여 3선 개헌을 통과시켰다. 중앙정보부장 김재규의 저격으로 서거했다."

엥? 이것만 봐서는 딱히 욕먹을 게 없는데? 아, 장기 집권을 위해 3선 개헌, 이게 있구나. 그리고 5·16 군사 정변. 아빠는 그걸 쿠데타라 부르며 합법적인 민주 정부를 뒤엎은 반란이라고 욕했는데 말이지.

또 쪽지가 떴다.

```
┌ ═══════════════════════════════════ ☒ ┐
│  **스파이더맨 님의 쪽지:**                        │
│  '경찰서에 다녀왔습니다'라는 글을 클릭하세요.^^      │
└───────────────────────────────────────┘
```

나는 쪽지를 또 껐다.

박정희 하면 생각나는 사진이 있다. 책이며 인터넷, 신문 같은 데
서 여러 번 본 사진인데, 쿠데타에 성공한 박정희가 검은 선글라
스를 끼고 주위에 군인들을 거느린 채 서 있는 장면이었다. 그 장
소가 옛날 중앙청 건물이라지 아마? 암튼, 그 흑백 사진을 볼 때마
다 나도 모르게 섬뜩했는데, 그건 단지 그들이 군인들이어서, 그
리고 권총을 차고 수류탄을 달고 있어서만은 아니었다. 뭐라고 해
야 하나, 이젠 다 우리 마음대로니 그렇게 아시오, 이런 윽박지름
같은 게 느껴졌다고나 할까.

제길 또 쪽지.

```
┌ ═══════════════════════════════════ ☒ ┐
│  **스파이더맨 님의 쪽지:**                        │
│  보시고 댓글을 달든가 쪽지를 보내든가 해 주세요.^^    │
└───────────────────────────────────────┘
```

5·16 쿠데타는 4·19 민주 혁명의 결과인 제2공화국과 그 헌법을 파괴해 버렸다. 그 덕분에 한국의 민주주의는 다시 수십 년 동안 미뤄졌고, 그 과정에서 수많은 사람들이 피를 흘리며 고통을 받았다. 박정희는 그걸로 끝이다.

다음은 김일성 차례가? 새삼스럽게 김일성까지 찾아봐야 하나?

"본명은 김성주. 1912년 4월 15일 평안남도 대동군 고평면(지금의 평양시 만경대)에서 아버지 김형직과 어머니 강반석 사이에서 장남으로 태어났다."

그 밑으로 내용이 길게 이어졌다. 맨 아래에 사진도 한 장 있었다. 훤칠하게 생긴 아저씨 얼굴. 젊은 모습은 처음 본다.

'이 아저씨가 어긴 법은 뭘까?'

박정희야 탄생한 지 얼마 안 된 민주 헌법을 짓밟은 게 분명한 사실이지만, 김일성은? 북한 헌법을 어기지는 않았을 텐데. 하지만 그 사람이 몇 십 년 통치하고 지금은 아들에 이어 손자가 삼 대째 다스리고 있는 꼴을 보면 분명 뭔가 중대한 법을 어긴 건 틀림없는 것 같다.

'자연법이라고 해야 하나……'

자연법을 무엇으로 정의하든 그 사람이 지킨 자연법의 가치는 결국 하나도 없을 것만 같다. 히틀러를 생각할 때와 마찬가지로 말이다.

근데 스파이더맨 놈은 도대체 이런 걸 왜 묻는 건데? 내가 얼마나 공부했는지 시험해 보고 싶어서? 헐. 더 이상 생각하고 싶지도 않았다. 백과사전을 닫고 디브이디 인사이드 게시판을 화면에 띄웠다. '최다 조회'란에 그 글이 있었다.

궁금해하시는 분들이 많아 알려 드립니다. 오늘 경찰서에 가서 조사를 받고 왔습니다. 고소장 제출한 지는 벌써 며칠 됐고요. 저는 있는 그대로 얘기하고 왔습니다. 경찰 아저씨가 그 정도면 기소하는 데 별문제 없을 거라고 하더군요. 피고소인에게도 출석 요구서를 보냈다고 하니 곧 조사가 이루어지겠죠.

사실 전 꼭 처벌을 하고 싶다는 입장은 아닙니다. 지금이라도 캣우먼 님이 사과를 한다면 얼마든지 고소를 철회할 용의가 있습니다. 한데 캣우먼 님이 공개 사과할 의사가 있을지 의문입니다. 자존심 그거 별것도 아닌데 말이죠. ㅋ.

스파이더맨의 글이었다. 밑에는 짤막한 댓글들이 줄줄이 달려 있었다.

우아 고소미 제대로 먹이네. 박수 짝짝짝!

잘하셨습니다. 그런 사람은 혼 좀 나야죠.

스파이더맨 님도 별로 잘한 건 없지 않나요? 살인범 옹호하고 조선족 편이나 들던 분인데…….

이분도 맘에 안 들지만, 게시판에서 말 함부로 하는 사람은 콩밥 먹어도 싸죠.

캣우먼 님도 오죽했으면 그랬을까. 님 좀 자제하세요.

나중에 결과 꼭 알려 주세요. ㅋㅋㅋ.

스파이더맨과 캣우먼의 대결인가? 이거 재밌겠는데? ㅋ.

근데 요새 왜 캣우먼 님은 안 보이죠? 충격 먹고 드러누웠나.

원래 찌질이들은 세게 나오면 겁먹고 도망가요.

24시간 내로 엉엉 울며 사과한다에 500원 겁니다.

'찌질한' 것들. 내가 그 정도밖에 안 될 거 같지? 뭐? 엉엉 울면서 어째? 내가 그놈한테 사과하면 그날로 인간이길 포기하겠다, 이놈들아.

내친 김에 댓글을 달았다.

사과 안 합ㅣㅓ.

그리고 컴퓨터를 꺼 버렸다. 이로써 주사위는 던져진 셈인가.

이제 경찰서로 가 조사를 받을 수밖에 없다. 뭐 어떤가? 설마 감옥이야 가겠어? 혹시 벌금? 그건 오히려 더 안 좋은데. 내가 무슨 돈으로……

"영심아, 자니?"

엄마가 불쑥 들어왔다. 이제 온 모양이다.

"안 자는구나. 나하고 얘기 좀 하자."

"무슨 얘기?"

"너 정말 화해 안 할 거야?"

"정말 안 해."

"너 미쳤니? 진짜로 콩밥 먹고 싶어?"

"그래 먹고 싶어."

"어머, 얘 봐라. 말하는 거 봐, 세상에."

"그만 문 좀 닫고 가 주시죠?"

"너 그러다 정말 큰일 나. 잘못했으면 잘못을 인정할 줄 알아야지."

그 말을 듣는 순간 참고 있던 눈물이 쏟아졌다. 그리고 악에 받쳐서 고래고래 소리를 질렀다.

"내가 무슨 잘못을 했다고 그래! 제발 나가, 혼자 있게!"

엄마는 아무 말도 안 하고 잠시 나를 내려다봤다. 당황한 빛이 역력했다.

"나가라고, 제발!"

나는 책상에서 벌떡 일어나 문밖으로 엄마를 밀어냈다. 아빠가 깜짝 놀라 문 앞에 서 있었지만 아랑곳하지 않고, 문을 쾅 닫아 버렸다. 그러고 나니 더 서러움이 복받쳐서 침대에 엎드린 채 엉엉 울었다.

13. 출두

"이따가 아빠가 학교 앞으로 갈까?"

"그래, 아빠하고 같이 가라. 쓸데없는 고집 피우지 말고."

엄마와 아빠는 모처럼 친엄마, 친아빠처럼 자상해졌다. 진즉에 좀 그러시지. 꼭 이렇게 출석 요구서를 받고 나서야 그러니 도대체 믿을 수가 있어야지.

"그냥 혼자 갈래. 걸어서 가면 되는 덴데, 뭘."

"무섭지도 않니?"

"안 무서워. 민중의 지팡이들이 있는 곳인데 무서울 게 뭐가 있어."

그 말에 엄마 아빠가 낄낄대며 웃었다. 오늘 같은 날에도 웃기만 잘하는 우리 부모님. 정말 대단하시지 않은가 말이다.

"당신, 옛날에 우리 같이 경찰서 끌려갔던 거 생각나?"

"당근 생각나지. 당신은 벌벌 떨면서 내내 울기만 했잖아."

"여학생이 생전 처음 경찰서에 끌려왔으니 얼마나 무서웠겠냐고요! 날도 오지게 추웠잖아. 아, 하필 또 이 무렵이네."

"맞아. 그때가 이 무렵이었지. 가만 오늘 며칠이지?"

"오늘은 금요일이니까……. 맞네. 바로 그날이네. 11월 13일 금요일."

"요즘 내가 우리 영심이 때문에 날짜 가는 것도 몰랐구먼."

제길, 왜 하필 오늘이 그날인 거야. 안 그래도 떨려 죽겠는데, 13일의 금요일이라니. 경찰에서 출두 날짜를 통보 받고 얼마나 기가 막혔는지.

"영심아, 오늘이 무슨 날인지 아니?"

"저 경찰서 출두하는 날이잖아요."

"하하. 그거 말고. 매우 역사적인 날인데?"

역사적인 날이라. 무슨 날일까. 사실 별로 궁금하지도 않다. 말이야 바른 말이지, 내가 지금 역사씩이나 생각할 상황인가. 그리고 나한테 지금 이 상황보다 더 역사적인 건 아무것도 없다.

"관심 없어요."

"청계천 평화시장, 피복 노조, 근로 기준법, 우리는 기계가 아니다. 이래도 모르겠어?"

"몰라요."

생각하면 알 것도 같았지만 그러기가 싫었다. 지난 며칠 간 얼이 빠져 지낸 것만 해도 힘겨웠는데, 굳이 나와 관계도 없는 일 때문에 머리에 쥐 나기는 싫었다. 그게 아무리 역사적인 것이라 해도.

"나 늦었어. 학교 갈래."

"할 수 없네. 그럼 잘 갔다 와. 가기 전에 전화하고."

"알았어."

"참. 이거 가져가야지. 출석 요구서."

휴, 망할 놈의 출석 요구서. 이 종이쪽지를 받은 건 정확히 사흘 전이다. 학교 수업 마치고 집에 오는데 엄마한테서 문자가 온 거다. 드디어(?) 경찰에서 연락이 왔다고. 하지만 의외로 그렇게 엄청난 충격은 없었다. 그날쯤 올 거라고 미리 각오하고 있었기 때문인지 몰라도.

가슴이 답답해지기 시작한 건 엄마 손에 들려 있는 출석 요구서를 두 눈으로 확인한 다음부터였다. 그날 오후 시간이 어떻게 지나갔는지 아직도 난 잘 모르겠다. 자려고 침대에 누웠을 때는 숨 쉬기가 곤란할 정도로 불편했다. 그래서 새벽 한 시가 되도록 눈을 감았다 떴다, 누웠다 일어났다 하며 잠을 못 이뤘다.

XX경찰서 이름으로 온 출석 요구서의 내용은 이랬다.

귀하의 명예 훼손 피의 사건에 관하여 문의할 사항이 있으니, 11월 13일(금) 오후 4시까지 XX경찰서 형사과로 출석하여 주시기 바랍니다. 오실 때는 이 출석 요구서와 신분증을 지참하시기 바랍니다.

참으로 바라는 것도 많은 공손한 경찰이지 뭔가. 하지만 그 공손함도 나의 두려움을 덜어 주진 못했다. 가뜩이나 경찰 울렁증에 시달리고 있던 판국에 내 이름이 적힌, 그리고 경찰서, 형사과, 피의 사건 같은 말이 함께 적힌 공문서를 보고 있노라면 심장이 턱 멎을 것만 같았다.

아빠 엄마는 내가 미성년자이고 초범이니 경찰 아저씨에게 잔소리나 듣고 훈방될 거라며 나를 달래려고 했다. 하지만 겨우 그런 말로 달래질 리가 없었다. 어찌 됐든 경찰서에 출두해 범죄 조사를 받는 게 아닌가.

그래도 마음이 조금이나마 가라앉은 건 어저께 저녁부터였다. 바로 타냐에게서 문자와 메일을 받은 날이었다. 전혀 예상치 못한 문자였고 눈물이 날 만큼 반가운 메일이었다.

"영심아, 안녕? 오랜만이다. 자세한 얘긴 나중에 하고, 메일 보냈으니 읽어 봐."

곧바로 메일을 열어 봤다. 그것은 아주 긴 편지였다. 제목을 읽는 순간 가슴이 뜨거워지고 눈물이 핑 돌았다.

"너무너무 보고 싶은 영심아."

타냐는 계속 한국에서 살았던 모양이다. 네팔로 돌아간 건 아빠고, 아직도 한국에 오지 못하고 있단다. 타냐는 엄마와 동생과 함께 청주에서 살고 있고, 내년이면 아빠가 돌아와 다시 예전처럼 살 수 있을 거라고 했다.

갑자기 떠나 버린 이유는 내 짐작대로였다. 피부색으로 놀림을 받고 따돌림을 당하면서도 학교를 계속 다닌 건 단 한 명이지만 마음이 통하는 친구가 있었기 때문이었다. 근데 그 친구마저 멀어지고 나니 타냐로서는 더 이상 다닐 용기도 의욕도 없는 게 당연했던 거다.

게다가 타냐는 그것도 알고 있었다. 자기 블로그에 '악플'을 단 사람이 바로 나라는 사실. 몰래 드나든다고 했는데도 어느 날 타냐의 블로그에 다녀간 흔적이 남아 있었던 모양이다. 그 흔적을 따라온 타냐는 그게 바로 거의 방치돼 있던 내 블로그임을 알게된 거였고.

그 순간, 그러니까 악의에 찬 댓글을 단 사람이 바로 얼마 전까지 유일한 친구였던 아이임을 알게 되었을 때, 타냐의 심정이 어떠했을지 나로서는 알 길이 없다. 다만 내가 경찰의 출석 요구서

때문에 시달린 고통보다 절대 못하지는 않았으리라는 건 장담할
수 있다.

편지를 읽고 잠시 멍하니 앉아 있다가 타냐에게 전화를 걸었다.
1년이 넘게 연락이 끊겼던 사이라 사실 무슨 말을 해야 할지도 몰
랐다. 너무나 어색할까 봐 두렵기조차 했다. 하지만 전화를 하지
않고는 견딜 수가 없었다.

핸드폰 저편에서 타냐의 목소리가 들렸을 때 다시 폭포수처럼
눈물이 쏟아졌다.

"여보세요."

"……."

"영심아, 오랜만이다. 잘 지냈어?"

"타냐야, 미안해……. 그리고…… 고마워."

그때 무슨 얘기를 나눴는지 제대로 기억도 안 난다. 다만 주말에 내가 청주에 내려가기로 했다. 살모사 선생님과 함께.

생각건대 타냐의 편지가 없었더라면 오늘 나는 훨씬 더 힘들었을 것이다. 타냐의 깊은 우정과 배려, 그리고 용서는 오기와 증오와 두려움으로 황폐해진 내 마음을 부드럽게 어루만져 주었다.

'고마워, 타냐.'

11월 13일이란 날은 원래 이렇게 추운가 보다. 이미 한겨울이라도 된 듯, 오늘 따라 바람이 매서웠다. 하지만 경찰서 담장을 지나며 나도 몰래 몸을 움츠리고 외투 깃을 바짝 당긴 건 꼭 그 때문은 아니었을 것이다.

한 시간 전에 문자를 보낸 담당 형사라는 사람이 장소를 바꾸어 형사과가 아닌 민원실에서 보자고 했다. 민원실이라면 시민들이 찾아가 뭘 부탁하거나 서류를 떼거나 하는 곳 아닌가? 왜 거기서?

좀 이상하다는 생각이 들어서, 그러니까 무슨 '보이스 피싱' 같은 게 아닌가 싶어서 문자가 온 번호로 전화를 걸어 봤다. 그랬더니 웬 아저씨가 "XX경찰서 형사과 OOO입니다."라고 받아서 기겁을 하고 끊어 버렸다. 경찰이 맞긴 맞나 보다.

보초가 서 있는 경찰서 정문을 지나 본관 건물로 들어갔다. 좌우를 두리번거리며 민원실을 찾았지만 보이지 않았다. 이층인가 싶어서 계단 쪽으로 가는데 뒤에서 누가 불렀다.

"네가 영심이니?"

뒤돌아보니 경찰관 복장의 웬 아저씨가 나를 보고 있다.

"민원실은 저쪽인데 왜 거기로 가지?"

경찰관 아저씨가 씩 웃으며 말했다. 난 가슴이 덜컥 내려앉아 떨리는 목소리로 대답했다.

"일층에 없는 것 같아서요."

"없기는, 저쪽 맨 끝에 있잖아."

"네."

그 목소리는 좀 전에 핸드폰으로 들었던 바로 그 목소리였다.

"내가 누군지 알지?"

"네……."

목소리가 점점 기어 들어갔다. 그나마 소리가 나긴 하니 그래도 다행일까?

"내 방 가서 얘기하자. 자, 어서."

민원실은 사람으로 북적댔다. 번호표를 뽑고 기다리고 있는 사람도 꽤 많았고, 길쭉하게 이어진 탁자를 사이에 두고 상담원과 얘기하는 이들도 적지 않았다. 게다가 쉴 새 없이 문이 열리고 닫히며 사람들이 드나들었다.

딩동딩동하며 차례 알리는 벨소리, 전화 통화하는 소리, 상담하는 소리, 심지어 말다툼하는 소리로 방 안은 정신이 없었다. 우리는 그 한가운데를 통과해 구석의 한 방으로 들어갔다. 얼이 빠질 대로 빠져 있던 나는 그게 무슨 방인지, 왜 그리로 들어가는지 생각할 겨를도 없었다.

"거기 소파에 좀 앉거라."

이제 대답조차 못했다. 아니, 했는데 목소리가 안 나온 건가? 암튼 경찰관 아저씨가 가리킨 책상 옆 소파에 쭈그리고 앉았다. 아저씨는 책상에 앉아 고개를 약간 숙이고 서류를 뒤적였다. 그리고 볼펜으로 줄을 긋고 뭔가 적어 가며 한 장 한 장 열심히 읽었다. 그 모습을 가만히 지켜보다 일주일 전쯤에 꾼 꿈이 생각났다.

'그래, 그 경찰서장, 법의 문은 누구에게나 열려 있다고 하던……'

그 사람은, 법은 만인에게 평등하다면서도 끝내 법의 문을 열어 주지 않았던 그 사람은 결국 내 손목에 수갑까지 채웠었다. 오늘 이 아저씨는 어떨지? 혹시 진짜로 수갑 차는 거 아닐까? 우리는 왜 이 방에 단 둘이 있는 거지?

"흠. 인터넷에서 욕을 했구나. 그것도 인종주의적 비하를 하면서."

경찰관 아저씨가 여전히 서류를 들여다보면서 혼잣말을 했다. 아직 수갑을 채울 기세는 아니었다. 그래서 서둘러 변명해도 별 문제는 없을 것 같았다.

"그게 아니고요."

"그게 아니고?"

경찰관 아저씨가 고개를 살짝 돌려 나를 보았다.

"그게 아니고, 그놈, 아니 그쪽 사람이 먼저 약을 올렸거든요."

"약을 올려?"

"네. 거기다 욕을 해 보라고 막 부추기고."

"그렇다고 게시판에다 그런 댓글을 달았니? 그럼 잘못이 안 되나?"

"그게 아니고……."

"그게 아니고?"

"잘못은 했지만, 꼭 제 잘못만은 아닌 것 같아서……."

"그럼 둘 다 잘못이다?"

"네."

"그럼 둘 다 처벌하면 되겠네?"

"네?"

헉, 그런 뜻으로 한 말은 아닌데. 이거 잘못하면 둘 다 콩밥 먹겠네?

"아차, 신원 확인부터 해야지. 너, 이름이 구영심 맞니?"

"네."

오랜만에 성까지 붙여서 내 이름을 들으니 이상했다. 〈영심이〉도 모자라 옛날 만화 주인공 구영탄이라고 얼마나 놀림을 받았는지. 한 번도 못 본 만화라서 인터넷 검색까지 해 봤다. 그랬더니 눈이 반쯤 감긴 웬 희한한 남자 캐릭터가 떠서 기겁을 했었다.

"구영탄하고 이름이 비슷하네."

"네?"

"아, 아냐. 지금 중학교 2학년이라고?"

"네."

"가만, 생일이, 지지난달이었네? 그럼 형사 책임 능력도 있고."

맞아요. 저 능력자예요, 형사님. 흑흑.

"아버지 성함은?"

"구……."

"성은 당연히 구일 테고, 이름은?"

"저기 그게, 그러니까, 석기……."

"석기…… 그럼 구석기…… 응? 구석기? 하하하."

그 아저씨 웃음소리 한번 크네. 얼마나 호탕하게 웃는지 방바닥까지 울리는 것 같았다.

"아, 미안. 남의 이름 가지고 이러는 거 아닌데."

아이고, 그걸 아시는 분이 그렇게 넋이 나간 듯 웃어 대나요.

"음, 그럼 어머니 성함은 어떻게 되지?"

"장이슬요."

"응? 참이슬?"

"장. 이. 슬요."

"아 장이슬. 그래, 그래."

참으로 아름다운 이름을 가진 가족이 아닐 수 없다. 구석기, 장이슬, 구영심. 경찰관 아저씨는 마음을 진정시키려는 듯 헛기침을 두어 번 했다. 하기야 저런 이름을 듣고 점잖게 받아 적는 게 쉬운 일이 아니겠지.

"사건이야 읽어 보니 뻔한 거 같고."

아니 아저씨, 뻔하다니요? 한쪽 얘기만 듣고 그러시면 안 되죠. 민주 공화국의 '민주 경찰' 나리께서 말이죠.

"넌 미성년자인 데다 그나마 나이도 어리고 해서 하는 말인데,

그냥 사과하고 화해하는 게 어떻겠니?"

"……."

"고소인이 공개 사과를 요구하니 약간 자존심은 상하겠지만, 그래도 이 정도 사건으로 고소하네 마네 난리를 피우는 건 좀 그렇잖아?"

"근데 저도 억울해서요."

"억울해? 뭐가?"

"저만 잘못한 게 아니거든요."

"그래 알았고, 어쨌든 그러면 사과를 안 하겠다?"

"그런 건 아니고."

"그럼 할 거야?"

"할 수는 있는데, 그래도……."

아저씨는 나를 빤히 보면서 볼펜으로 머리를 긁적긁적했다. 난감한 표정이었다. 그런데 사실 난감한 건 나도 마찬가지였다. 뭐라고 대답해야 좋을지 알 수가 없었으니까. 사과를 해야 할 것도 같고 하면 안 될 것도 같았다. 그렇다고 자칫 콩밥을 먹을지도 모르는 판국에 아무거나 택할 수도 없는 일이고.

"네가 원하는 대로 해야지. 법은 모두에게 평등하니 누가 이래라저래라 할 것도 없고 본인이 판단하는 수밖에. 법률 행위 자유의 원칙을 따라야지."

혁, '법은 모두에게 평등'도 나왔다. 이거 뭐지? 하느님이 꿈으로 계시라도 내리신 건가? 이렇게 맞아떨어지다가는 정말 수갑도 찰지 모르겠는걸?

"간혹 나이가 어려서 그냥 풀려나거나 관대한 처벌을 받을 거라고 기대를 하는 사람들이 있는데, 불과 석 달 전이었던가, 인터넷에서 연예인한테 욕설을 한 중학생이 징역형을 받은 적이 있거든?"

"네? 징역형요?"

"그래. 얼마 전까지만 해도 기껏해야 집행 유예였지만, 지금은 안 그래. 인터넷 댓글 범죄가 너무 심각해서 말이야."

오매, 징역……. 그럼 내가 정말로 콩밥을 먹을지도 모른다는 건가.

"아무튼 그 점 명심하고, 일단 이거나 읽어 봐라."

경찰관 아저씨가 자리에서 일어나 소파 앞 탁자에 서류를 한 장 내려놨다. 고소장이었다. 고소인 이름이 '스파이더맨'으로 돼 있었다.

'어라? 고소장에 인터넷 별명을 적어도 되나? 설마 스파이더맨이 본명일 리는 없잖아.'

어쨌든 읽어 봤다. 그날 벌어진 일에 대해 구구절절이 적고 철저히 수사하여 엄중히 처벌해 달라나 어쩌라나.

'나쁜 자식!'

다 읽고 나니 새삼 화가 치밀었다. 기분 같아서는 콩밥을 먹는 한이 있어도 그런 놈에게 사과 따윈 하고 싶지 않았다.

"다 읽었니? 사실과 다른 건 없지?"

"네?"

"네가 고치거나 추가하고 싶은 내용이 있느냐는 말이야."

"그건……."

"없지? 그럼 나가자."

"네? 어디로……."

"여기는 경찰서고 난 경찰관이야. 넌 잠자코 따라오면 돼."

분위기가 다시 살벌해졌다. 나는 다시 심장이 콩알만 해져서 속으로 벌벌 떨었다.

"자, 가자."

경찰관 아저씨는 서류 뭉치가 든 봉투를 들고 벌떡 자리에서 일어났다. 그리고 성큼성큼 걸어가 방문을 열었다. 나는 머릿속이 온통 하얘진 채 그 뒤를 따랐다. 어디로 가는지 무엇을 하려는지 짐작조차 할 수 없었다.

"참, 전화를 해 줘야지."

문밖으로 반쯤 나갔다가 다시 책상으로 성큼성큼 걸어오는 우리의 경찰관 아저씨. 수화기를 들고 급히 전화기 버튼을 누른다.

　"어, 나 ○○○ 형산데, 거기로 가면 되지? 그럼. 피고소인은 여기 있고, 나하고 같이 갈 거야. 어, 피의 사실은 대체로 인정했으니 그대로 하면 될 거 같아. 그리고 뭐냐, 음……. 아무튼 지금 데리고 갈 테니 준비 좀 해 놓으라고."

　문가에 서서 통화 내용을 듣던 나는 다리가 후들거리기 시작했다.

　'다른 데로 데려갈 모양인데, 뭘 하려는 거지? 나는 이제 어떻게 되는 걸까.'

　다시 시끌벅적한 민원실을 지나갔다. 교복에 가방을 메고 고개를 푹 숙인 채 경찰관 뒤를 졸졸 따라가는 모습이 희한했나 보다. 사람들이 힐끗힐끗 나를 쳐다보았다. 출입문을 열고 나가기까지 족히 천 걸음은 걸은 것 같은 느낌이었다고나 할까.

　민원실을 나와서 또 한참 걸었다. 경찰서 본관 계단을 내려와 넓은 뜰을 가로지르고 보초가 서 있는 정문을 지났다. 어라? 그러고 보니 경찰서 밖으로 나가고 있네?

　완전 동태가 되어 '사람이 아니무니다' 꼴이었지만, 그래도 궁금한 건 궁금한 거라 용기를 내어 물어봤다.

"저, 아저씨. 지금 어디로 가는 건가요?"

"그냥 따라오면 돼."

"다른 경찰서로 가는 건가요?"

가만, 그러고 보니 스파이더맨 놈도 이 동네 사나? 왜 이 경찰서에 고소했지? 하기야 같은 구에 산다는 게 특별할 것도 없지. 우리 구가 얼마나 큰데.

"아니."

"그럼 어디⋯⋯."

"이거 피고소인이 너무 말이 많은데?"

"네?"

"가 보면 아니까 그냥 조용히 따라와."

피고소인은 말이 많으면 안 되는 건가. 암튼 형사님이 인상 쓰고 말하니 찌그러지는 수밖에. 다시 동태가 되어 아무 말도 못하고 졸졸 따라갔다.

경찰서를 나와 횡단보도를 건너고 어느 골목에 들어섰다. 그러더니, 이 아저씨 뜬금없이 중국 음식점으로 쑥 들어가는 게 아닌가.

혹시 점심을 안 먹었나? 그래서 밖에서 잠깐 짜장면이라도 먹고 들어가려고? 그게 아니라면 도대체 왜? 피고소인은 왜 이리 끌고 다니고?

"어서 오십시오! 아, 형사님."

카운터에 있던 주인이 반갑게 맞이했다. 이미 잘 알고 있는 사이인가 보다.

"어느 방이죠?"

"저기 저 방입니다."

방? 짜장면 하나 시켜 먹는데 방에는 왜? 경찰이라서 아무래도 남의 눈이 껄끄러운 걸까?

"다들 와 있죠?"

"예. 좀 전에 다 오셨습니다."

다들 와 있어? 누가? 설마 회식? 아니 그러면, 피고소인까지 데리고 와서 회식을 하는 거라는 말씀? 에이, 아니겠지.

"어이 피고소인! 저 방으로 가자."

홀에 있던 손님들이 일제히 나를 쳐다봤다. 이런 제길. 피고소인은 인권도 없단 말인가. 경찰관 아저씨가 인권 의식은커녕 작은 배려심도 없네.

암튼 그래서, 너무 창피해서 후다닥 방으로 들어갔다. 드르륵 미닫이문을 열고 보니 방 안에 이미 와 있는 사람들이 있었다.

"어서 와, 영심아!"

어? 뭐야, 점순이 쟤는…….

14. 그놈의 정체 ♪ ♫ ♪

"왜, 놀랐니? 내가 불렀어. 네가 고소당했는데 친한 친구가 안 올 수 없잖아?"

"아빠!"

"우리 딸, 조사는 잘 받았고?"

"엄마!"

"나도 왔다. 처음 경찰서 가니 떨리지?"

윽. 미술 학원 선생님은 또 왜? 점순이와 나란히 앉아 있는 꼴이 참 볼 만하다.

"잘하면 먹을 수도 있겠는데요? 반성도 안 하고 사과할 생각도 없고."

경찰관 아저씨가 자리에 앉으면서 한마디 거든다.

"그나저나 준비 잘하셨네요."

"형사님 말씀하신 대로 미리 다 시켜 놨습니다."

응? 그럼 아까 형사하고 통화한 사람이…….

"영심아, 앉아. 비싼 요리 시켰으니 먹어 봐. 탕수육, 팔보채, 깐풍기 다 있다. 나중에 콩밥 먹게 되면 먹고 싶어도 못 먹을 거야."

"아빠, 그걸 말이라고 해?"

"그럼 그게 말이 아닌가?"

방 안의 모든 사람들이 와하고 웃었다. 특히 점순이 계집애는 뭐가 그리 재미있는지 입을 가리고 한참을 킥킥거린다.

"분위기가 왜 이래요? 제가 고소당한 게 그렇게 즐거우세요?"

아무래도 이상했다. 왜 이 사람들은 여기에 모여 있고, 또 왜 경찰관 아저씨는 나를 이리 데려왔는지? 설마 진짜 콩밥 먹을까 봐 마지막으로 맛있는 요리나 먹게 해 주자고?

"그럴 리가 있겠니. 자자, 진정하고. 우리 고소인도 좀 먹어라."

고소인? 그럼 스파이더맨? 누가?

"네, 아저씨."

엥? 점순이?

"고소인께서는 어떡하실 건가? 피고소인께서는 공개 사과 할 뜻이 전혀 없어 보이는데."

"그럼 그대로 가야죠."

"점순아, 내 얼굴 봐서 그냥 철회하면 안 되겠니? 하나밖에 없는 딸 콩밥 먹게 할 순 없잖아. 너한테도 소중한 친구고.”

점순이는 히히히 웃으며 미술 선생님을 보았다.

“선생님, 어떻게 할까요? 봐줄까요?”

“글쎄, 아직도 반성을 제대로 안 하는 걸로 봐선 안 그래도 될 거 같고.”

이럴 수가. 점순이가 스파이더맨이었다니. 내가 나이와 성별을 속인 것처럼 상대방도 그럴지 모른다고 생각은 했지만, 그게 설마 점순이일 줄이야.

“그러니까, 점순이 네가 바로 스파이더맨, 그 나쁜 놈이라고?”

“내가 그리 나쁜 놈이었어? 암튼 뭐 그런 셈이지. 하하”

“그런 셈?”

“미술 선생님하고 아이디를 공유했거든.”

“뭐, 뭐라고?”

“응. 사실은 게시판에서 논쟁이 벌어질 때마다 선생님한테 도움을 청했어. 나중에는 선생님이 알아서 로그인하고 들어가 논쟁을 벌이기도 했지만.”

헐, 그랬단 말이지? 그럼 둘이 짜고 나를 골탕 먹인 거네?

“그럼 나를 고소하겠다고 한 것도 선생님?”

“아니, 그건 나. 선생님은 논쟁만 끝내고 나가고 내가 다시 로그인하고 들어갔지. 너무 얄미워서 참을 수가 없었어. 물론 그땐 네가 캣우먼인지 몰랐지만 말이야. 호호.”

이런 망할 계집애. 그러고서 그렇게 시치미를 뚝 뗐단 말이지?

“나중에는 나도 그 아이디를 공유했지.”

“아빠까지?”

“내가 늦게 들어온 날 있었지? 일 있다고 하면서.”

“있었던 거 같기도 하고…….”

“생각 안 나? ‘내가 누구게요?’”

“아, 그 쪽지!”

“하하하. 바로 그날 미술 학원 컴퓨터 앞에 앉아 있었지롱.”

이럴 수가. 세상에 믿을 사람 하나도 없다더니.

“설마 엄마도……?”

“당근이지. 점순이가 약국까지 와서 친절하게 얘기해 줬거든. 사실 아빠에게 모든 상황을 알려준 건 바로 나야”

세상에, 오리엔트 특급 살인 사건도 아니고, 이 무슨 애거사 크리스티 통곡하고 갈 시추에이션인가. 그러니까 다들 한통속이 되어 나를 골탕 먹인 거네?

“그래서, 그럼 누가 절 고소한 건가요? 점순이? 아빠?”

“스파이더맨 아이디를 공유한 사람들이 다 같이 한 걸로 생가

하면 되지.”

정말로 점심을 건너뛰기라도 한 듯 열심히 탕수육을 먹고 있던 형사 아저씨의 말씀이다. 근데 가만, 이 아저씨도 형사라기엔 많이 이상하지 않아? 나한테 문자를 보낸 것도 그렇고, 이리로 날 데려온 것도 그렇고.

“저기, 아저씨. 죄송한데 진짜 경찰 맞으세요?”

“제복 보면 모르겠니? 경찰 맞아. 다만 형사과는 아니고, 민원실에서 봉사하며 지내지. 그래도 고소장이나 고발장 접수 같은 건 하지. 하하.”

그렇군. 어쩐지 민원실로 오라고 하더라니. 왜 그걸 눈치 못 챘지? 암튼 이 아저씨도 짜고 치기 고스톱 멤버임에는 틀림없구만.

“아저씨, 이거 사기 아니에요?”

“사기?”

“다 같이 짜고 절 속인 거잖아요.”

“뭐 사기라면 사기인데, 그렇다고 형법 제347조의 사기죄는 아냐. 널 속여서 재물이나 재산상의 이득을 본 건 없잖아?”

“제가 정신적으로 충격을 받은 건 어떡할 건데요? 고소에 대비하느라 학교 공부도 아예 거들떠보지도 못했고요.”

“에이, 학교 공부는 아니지.”

"무슨 소리야, 엄마. 밤늦게까지 법 공부하느라 학교에선 만날 졸았다고."

"너야말로 무슨 소리니. 누가 들으면 네가 평소에는 열심히 공부하는 줄 알겠다, 얘."

뭐 그거야 그런데, 아무튼 피해가 없다고는 할 수 없지 않나? 스트레스 받아서 건강에 문제가 생겼을 가능성도 충분하고.

"그래도 위자료는 받아야 하는 거 아니에요?"

"위법한 행위로 발생한 정신적 고통을 보상하는 게 위자룐데, 우리가 한 게 위법한 건 아니지. 안 그래?"

누가 민원실에 근무하는 분 아니랄까 봐 참 빠삭하기도 하시네. 그런 분이 이런 사기나 치고, 완전 민중의 사기꾼이 아닌가?

"영심이 아버님, 배도 채웠고 하니 전 그만 가 보겠습니다. 아직 근무 시간이어서요."

"그러세요. 오늘 고생하셨습니다."

"고생은 무슨 고생. 우리 피고소인이야말로 고생했지요. 하하."

"하하하. 그렇긴 하네요. 영문도 모르고 겁에 질려 졸졸 따라다녔으니."

"참, 이 고소장은 영심이 네가 기념으로 가지고 있어라."

아까 경찰서에서 봤던 거었다. 대충만 봐도 지대로 된 고소장이 아니라는 걸 알 수 있을 정도로 엉터리였다. 고소인 이름이 스파이더맨이라고 적힌 걸로 얼른 눈치를 챘어야 했는데, 제기랄.

"아빠, 저 아저씨 아는 분이야?"

"아니. 며칠 전에 처음 봤어."

"그런데 어떻게……?"

"내가 찾아가서 부탁을 드렸어. 우리 딸이 버릇도 없고 영 교양이 없다, 그래서 혼 좀 내 주고 싶다, 이랬더니 두말 않고 도와주시던데? 가짜 고소장 작성도 도와주시고."

참 오지랖도 넓은 경찰 아저씨지 뭔가. 아무리 민중의 지팡이라지만, 남의 집 딸이 교양이 있든 말든 무슨 상관이람?

그건 그렇고, 점순이 쟨 뭐야? 내가 아는 백치 공주가 본 모습이 아니었다고? 이거 완전 〈유주얼 서스펙트〉네? 그래, 점순이 네가 '카이저 소제'다.

"영심이는 이번에 법 공부 많이 했지?"

"선생님 덕분에요."

"천만에. 나야말로 너 상담해 주느라 공부 많이 했지. 근데 더 궁금한 건 없어? 공부한 거 다시 잊어버리기 전에 얼른 써먹어야지."

"하나 있긴 있어요. 법에 관한 건 아니고……."

"뭔데?"

"선생님 방에 걸려 있는 그림 있잖아요, 옷을 풀어헤친 여자가 총과 깃발을 들고 앞장서서 싸우는……."

"아 그거. '외젠 들라크루아'라는 프랑스 화가가 그린 그림이야. 〈민중을 이끄는 자유의 여신〉이라고, 프랑스의 1830년 혁명을 표현한 작품이지."

"그렇군요."

"너도 알겠지만 자유의 여신이 들고 있는 삼색기는 프랑스 혁명의 정신인 자유·평등·박애를 상징해. 들라크루아는 실제로 1830년 혁명에 참여했대. 그림을 자세히 보면 여신 바로 옆에 총을 든 구레나룻 수염의 남자가 있는데, 그게 바로 화가 자신의 모습이라네?"

"아……."

"또 궁금한 건?"

"그, 히틀러·박정희·김일성이 무슨 법을 어겼느냐는 쪽지는……."

"그건 내가 안 보냈어."

"그럼……."

"그건 내가 보냈지. 하하."

응? 엄마가?

"엄마가 어떻게? 그때 나하고 집에 같이 있었는데?"

"아빠가 쪽지로 써 보낼 질문을 하나 제출하라고 해서 그 전날인가 점순이에게 전달했지."

"그럼 점순이가 엄마 질문을 받아 적은 거야?"

"그렇지."

이런 사기꾼들 같으니라고. 나는 콩밥 먹을 생각에 가슴이 벌렁벌렁해서 잠도 제대로 못 잤는데, 그 시각에 서로 낄낄대며 쪽지에 적을 질문이나 궁리했네!

"근데 왜 하필 그런 질문을 한 거야?"

"뭐, 그냥. 딱히 근사한 질문이 떠오르지도 않고 해서 대충 생각나는 걸로 했어. 엄마가 예전에 좀 놀라워했던 사항이기도 하고 해서. 어때, 질문 괜찮았니?"

"별로. 관심도 잘 안 가고. 그래도 궁금하긴 해. 답이 뭘지."

"넌 뭐라고 생각하는데?"

"글쎄, 그 사람들이 공통적으로 어긴 거라면 자연법 아닐까?"

"자연법? 그게 뭔데?"

"자연법 몰라? 선생님은 어떻게 생각하세요?"

"세 사람 다 헌법의 기본 정신을 위배한 거 아닐까?"

"헌법의 기본 정신요?"

"응. 이를 테면 국민 주권 원칙이라든지, 인간의 존엄성 보장이라든지, 뭐 그런 거. 거기에 정의·자유·평등·박애 같은 것도 있겠고.”

“헌법에는 그런 게 기본적으로 들어있나요?”

“그렇지. 어느 나라의 헌법이든 그런 정신을 기본 바탕으로 삼고 있을 거야. 가령 우리나라 헌법에도 ‘대한민국의 주권은 국민에게 있고, 모든 권력은 국민으로부터 나온다.’와 같은 내용이 있잖아. 그것도 제1조에.”

“헌법 제10조도 있어. ‘모든 국민은 인간으로서의 존엄과 가치를 가지며, 행복을 추구할 권리를 가진다. 국가는 개인이 가지는 불가침의 기본적 인권을 확인하고 이를 보장할 의무를 진다.’”

어라? 아빠도 법 공부 좀 하셨네? 그 긴 조문을 한 번에 줄줄이 외우시다니.

“그리고 제11조 1항은……”

“뭔데?”

“모든 국민은 법 앞에 평등하다.”

“아 그거.”

우리나라 헌법은 정말 위대하구나. 법과 인권에 관하여 저보다 더 아름다운 말이 있을까? 물론 그래서 수많은 사람들이 흔해 빠진 유행가 가사처럼 읊어 대는 것이겠지만.

“근데 선생님. 그게 바로 자연법 아닌가요?”

"그렇다고 할 수 있겠지. 인권이라는 개념 자체가 자연법사상에서 비롯되었다고 하니까."

"그렇다면 그 세 독재자가 어긴 건 자연법인 건 틀림없네요?"

"그런 셈인가."

결국 가장 중요한 건 이성의 법칙인가 보다. 실정법이 정의를 상실하고 국가 권력이 그 실정법을 이용해 개인의 기본권을 짓밟을 때 의지할 법적 수단은 그래서 자연법밖에 없는 거겠지.

"근데 영심아, 네가 위반한 법은 뭐니?"

엄마가 진지한 얼굴로 물었다. 자연법을 몰라 당한 수모를 되갚기라도 하려는 건지?

"형법. 정확히는 형법 제307조 명예 훼손죄 규정."

"단지 그것만일까?"

응? 그거 말고 또 내가 뭘 위반했던가?

"네가 함부로 쓴 댓글들은 인간의 존엄성을 침해한 건 아닐까?"

"인간의 존엄성?"

"그래. 넌 네가 잘 모르는 사람을 별 근거도 없이 불법 체류자니 조선족으로 단정하고, 그것도 모자라 욕설까지 퍼부었어. 많은 사람들이 보고 있는데도. 그게 단지 명예 훼손죄에 그치는 걸까?"

"……."

"게다가, 넌 흉악범의 인권 따위는 지켜 줄 필요가 없다고 생각한다며?"

할 말이 없었다. 뼈아픈 지적이었고, 무엇보다 맞는 말이었지만, 그걸 깨달은 건 사실 나도 며칠 안 된다.

인권이라는 게 뭔지 잘 모르는 무식한 사람들은 흉악범의 인권도 지켜 주자는 말을 아예 처벌을 하지 말자는 얘기로 간주하고 열을 올린다. 사실은 죄형 법정주의의 원칙에 따라 법에 규정된 처벌 이상을 해서는 안 된다는 주장인데도 말이다. 그런 생각과 주장은 자연법의 핵심 가치를 짓밟았다는 점에서는 히틀러와 다를 것도 없었다.

"그러니 히틀러·박정희·김일성과 너는 공통점이 있는 것도 같지?"

"그런 거 같아."

장담컨대 엄마가 그 질문을 "대충 생각나는" 대로 적어 보낸 건 절대 아니다.

"저기, 나를 고소한 스파이더맨 대표는 누구인가요?"

"그거야 점순이겠지?"

아빠가 머뭇거리며 점순이를 가리켰다.

"고소장을 써서 가지고 간 건 아저씨잖아요."

훗. 이럴 수가. 심지어 아빠가 고소장을 썼다니.

"그렇긴 한데, 애초에 네가 스파이더맨이었고 하니 네가 고소인 대표를 해라."

"그럼 그럴까요?"

어색하게 웃는 점순이. 그래, 그동안 이중생활하느라 수고 많았다.

"근데 왜?"

"사과하려고."

"정말?"

"디브이디 인사이드 게시판에는 나중에 하고, 일단 당사자한테 먼저 사과할게. 미안했다, 점순아. 아니 스파이더맨이라고 해야 하나?"

"아니 그럴 필요까진 없는데……."

짝짝짝. 엄마 아빠가 킥킥대며 박수를 쳤다.

"그럼 이제 점순이도 확실히 말해야지. 고소 취하할 거지?"

"그야 당근이죠. 대신……."

"대신?"

"짜장면 곱빼기 하나만 시켜 주세요. 전 요리보다 그게 더 좋아요."

으이구. 내 그럴 줄 알았다. 대책 없는 짜장면 '빠순이' 같으니라고.

짤막한 댓글 몇 줄로 시작한 고소 사건은 오늘 오후로 이렇게 일단락됐다. 지금 나는 게시판에 올릴 공개 사과문을 쓰고 있다. 사과문엔 그동안 내 몰상식한 입에 오르내리며 인간의 존엄성을 훼손당한 조선족과 외국인 이주 노동자들에 대한 사과도 포함될 것이다.

법전에 담긴 갖가지 선언이며 규정은 그것만으로도 아름답고 숭고하다. 하지만 그것이 지켜지지 않고 한갓 글자로 전락해 버리면 그 아름다움과 숭고함은 빛을 잃고 만다.

법은 현실을 규정하기도 하지만 거꾸로 현실의 상황을 반영하기도 한다. 아무리 위대한 법도 그것이 불의한 현실에 압도당하는 순간, 인민 혹은 시민을 구속하는 쇠사슬이 돼 버린다. 그래서 법은 법 혼자만으로 빛날 수가 없다.

참으로 위대한 법은 참으로 위대한 현실이 뒷받침된 법이고, 위대한 현실은 인민, 민중, 시민 같은 이름으로 불리는 사람들이 만든다. 어쩔 수 없이 하게 된 법 공부로 제대로 깨달은 게 있다면 바로 그것이다.

아 그리고, 빼먹을 뻔했다. 1970년 11월 13일, 서울 평화시장 앞에서 작은 의류 공장 재단사였던 한 청년이 온몸에 휘발유를 붓고 불을 붙였다. "근로 기준법을 지켜라!" "우리는 기계가 아니다!"를 외치며. 불과 스물두 살이었던 그의 이름은 전태일이었다.

그날 그 청년 재단사의 몸과 함께 근로 기준법 책 한 권이 불탔다. 그건 노동법, 더 나아가 헌법에 대한 화형식이었다. 노동자들의 최소한의 인간적 존엄성조차 지켜주지 못하는 허울뿐이었던 한국 법에 대한 심판이었고 말이다.

오늘이 무슨 날이냐고? 11월13일, 바로 그 전태일을 기념하는 날이다. 설마 내가 그걸 모를까. 명예 훼손죄로 고소나 당하는 '찌질이'지만, 그래도 명색이 시민운동가님의 딸인데.

'법의 정의'에 이르는 여정에 초대합니다

일반적으로 법에 관한 이야기는 너무 어렵습니다.

우리에게 서구 근대 시민법은 일본 제국주의 침략군의 식민지 통치를 위한 수단으로 도입되었어요. 시민 계급의 자유와 권리 재산을 보호하고 이를 보장하는 마그나 카르타(대헌장)로서의 서구 근대 시민법은 우리나라에서는 그냥 일제 침략군의 식민지 강압 통치의 수단이었고 그 기능 이상이나 이하도 아니었지요. 시민들이 알기 쉬울 필요가 없었고 그저 통치를 위한 기능이나 도구였을 뿐입니다. 그래야만 통치자가 통치 대상을 쉽게 다스릴 수 있었기 때문이기도 하고요. 불행하게도 우리나라는 해방이 되고 나서도 일제 식민지 강압 통치 잔재를 청산하지 못했고, 오히려 이 강압 통치에 부역한 친일 반민족 행위자들이 정치 경제적 지배 권력을 그대로 유지하였습니다. 결국 우리나라에 도입 또는 강제 이식된 식민지 강압 통치를 위한 수단과 기능이라는 법의 성격은 해방된 조국에서도 그 특성이 그대로 유지되었고, 시민들에게 법은 알기 어려운 것으로 남았습니다.

그런데 이러한 법을 다룬 <법은 누군가가 만든 것이다>는 우선 재미가 있습니다. 법을 설명하는 책에 주석이 없다는 사실만으로도 크게 칭찬을 받아 마땅하다고 생각합니다. 그리고,

"님, 조선족이세요?"(p.12)

이 한 줄의 댓글로 시작되는 영심이의 고난과 시련은 - 혹시라도 여러분들이 영심이와 같은 실수를 반복한다면 겪게 될 미래가 될 것입니다. - 스토리텔링의 힘을 빌어 고소와 관련된 복잡한 형사 소송 절차를 알기 쉽게 기술함과 더불어 인권의 가치를 과거의 사례와 현재 생활 속에서 일깨우게 하고 있습니다. 영심이, 점순이, 미술 선생님 등 살아있는 캐릭터들과 맛깔스러운 글 솜씨가 이 책의 재미를 더해 주는 것은 물론입니다.

또한 이 책은 실정법을 넘어서는 '자연법'의 개념을 소개하며 인간에게 법이란 무엇이어야 하느냐는 큰 물음을 던지는 데 성공합니다.

초기의 인류에 아담과 이브, 단군과 웅녀와 같은 사람들이 있었다고 가정합시다. 이들은 자손을 낳고 인구가 늘어 씨족과 부족을 이루고 그보다 더 큰 사회 공동체를 형성하였겠지요. 대규모가 된 각 사회 공동체 구성원 간에는 갈등이 발생하고 이해관계가

첨예하게 대립됩니다. 이러한 대립과 갈등을 조정하고 해결하기 위한 기구로서 등장한 것이 국가이고 그 조절 수단이 법입니다. 고대 왕권 국가에서는 왕의 명령이 곧 법이고, 근대 시민 국가에서는 혁명을 통하여 왕권을 타도하고 새로운 지배 계급이 된 시민의 명령이 곧 법이고, 국민 국가에서는 주권자인 국민이 스스로 정한 약속(강제 규범)이 곧 법이지요.

"그렇다. 법은 본래 있는 것이 아니고 언제인가 사람들이 만든 것이고, 그들에게 그럴 수 있는 권력 또는 자격을 주는 법이 또 누군가에 의해 먼저 만들어져 있었던 것이다."(p.104)

영심은 법 자체에 대한 고민을 거듭하다 위와 같은 생각을 떠올렸고, 이후 함무라비 왕으로부터 시작하여 아리스토텔레스, 아퀴나스, 블로흐에 이르기까지 법을 이야기했던 수많은 학자들의 주장을 접하며 '법의 정의'에 대해 곱씹어 봅니다. 영심이가 자연법에 이르는 이 여정을 독자들이 함께하는 것이 저자의 바람이 아니었을까요?

그리고, 이 책에도 나오고, 지난겨울 촛불의 현장에서도 들렸던 레미제라블의 <민중의 노래> 가사…….

"너는 듣고 있는가? 분노한 민중의 노래⋯⋯."

지금까지의 법을 누군가가 만들었다면 앞으로의 법을 만들 누군가도 있어야겠지요. 근로 기준법을 지키라던 전태일, 천 원만 달라며 부탁의 말을 건네던 할머니, 말조차 못하고 사라져야만 했던 타냐의 목소리를 듣는 귀를, 독자들이 가지는 것 또한 저자가 궁극적으로 바라는 바일지도 모르겠다고 생각해 봅니다.

저자는 저의 대학 동기입니다. 대학 때부터 법학에 머무르지 않고 폭넓은 사회과학 공부와 철학에 천착했던 친구이지요. 더불어 저자가 좀 더 오래 살았다면 독자들이 법을 쉽게 이해할 수 있게 이 책처럼 스토리텔링 형식을 빌어 법을 설명하고 이야기하는 법률 소설이라는 새로운 장르가 개척될 수 있었고 수많은 걸작들이 양산되었을 것입니다. 요절한 작가가 그립고, 그쳐 버린 그의 재능이 다시금 아쉽게 느껴집니다. 아울러 뜻있는 독자가 그의 재능을 이어갈 수 있으면 하는 마음이 간절합니다.

2017년 11월
촛불 인권 연대 변호사 한 웅

다이어리 철학 02

법은 누군가가 만든 것이다

© 박찬연. 2017

초판 인쇄 2017년 11월 13일
초판 발행 2017년 11월 30일

지은이   문명식

펴낸이   황호동
디자인   민트플라츠 송지연
그림   심장
펴낸곳   (주)생각과느낌
주소   서울시 종로구 평창21길 68, 301호
전화   02-335-7345~6
팩스   02-335-7348
전자우편   tfbooks@naver.com
등록   1998.11.06 제22-1447호

ISBN   978-89-92263-37-5 (44100)
           978-89-92263-11-5 (세트)

이 도서의 국립중앙도서관 출판예정도서목록(CIP)은 서지정보유통지원시스템 홈페이지(http://seoji.nl.go.kr)와
국가자료공동목록시스템(http://seoji.nl.go.kr/kolisnet)에서 이용하실 수 있습니다(CIP제어번호: CIP2017031313)

*한국출판문화산업진흥원의 출판콘텐츠 창작자금을 지원받아 제작되었습니다.